essentials

essentials liefern aktuelles Wissen in konzentrierter Form. Die Essenz dessen, worauf es als „State-of-the-Art" in der gegenwärtigen Fachdiskussion oder in der Praxis ankommt. *essentials* informieren schnell, unkompliziert und verständlich

- als Einführung in ein aktuelles Thema aus Ihrem Fachgebiet
- als Einstieg in ein für Sie noch unbekanntes Themenfeld
- als Einblick, um zum Thema mitreden zu können

Die Bücher in elektronischer und gedruckter Form bringen das Expertenwissen von Springer-Fachautoren kompakt zur Darstellung. Sie sind besonders für die Nutzung als eBook auf Tablet-PCs, eBook-Readern und Smartphones geeignet. *essentials:* Wissensbausteine aus den Wirtschafts, Sozial- und Geisteswissenschaften, aus Technik und Naturwissenschaften sowie aus Medizin, Psychologie und Gesundheitsberufen. Von renommierten Autoren aller Springer-Verlagsmarken.

Weitere Bände in der Reihe http://www.springer.com/series/13088

Annika Brinkmann

Struktur und Design responsiver Webseiten auf Smartphones

Wie Sie das mobile Internet userfreundlich gestalten

Annika Brinkmann
Berlin, Deutschland

ISSN 2197-6708 ISSN 2197-6716 (electronic)
essentials
ISBN 978-3-658-25421-6 ISBN 978-3-658-25422-3 (eBook)
https://doi.org/10.1007/978-3-658-25422-3

Die Deutsche Nationalbibliothek verzeichnet diese Publikation in der Deutschen Nationalbiblio-
grafie; detaillierte bibliografische Daten sind im Internet über http://dnb.d-nb.de abrufbar.

Springer Gabler ist ein Imprint der eingetragenen Gesellschaft Springer Fachmedien Wiesbaden
GmbH und ist ein Teil von Springer Nature
Die Anschrift der Gesellschaft ist: Abraham-Lincoln-Str. 46, 65189 Wiesbaden, Germany

Was Sie in diesem *essential* finden können

1. Beispiele dafür, wie Sie Inhalte und Interaktionselemente in der mobilen Darstellung Ihrer responsiven Webseite nicht darstellen sollten.
2. Beispiele, Anregungen und Hintergrundinformationen, wie und warum Sie es stattdessen darstellen sollten.
3. Ein paar Zahlen und Fakten zu optimalen Größen im mobilen Internet.

Wer dieses *essential* lesen sollte

1. Konzepter und (Web-) Designer, die responsive Webseiten konzipieren und gestalten.
2. Entwickler, die ein Desktop-Design responsiv umsetzen sollen.
3. Produkt- und Projektmanager, die die Erstellung responsiver Webseiten koordinieren.
4. Kunden, die responsive Webseiten in Auftrag geben.

Vorwort

Der Inhalt dieses Buches ist längst überfällig.

Nicht nur, weil die Idee zu diesem Text schon lange vor der Veröffentlichung entstanden ist. Zwar ist so manche Designmode in der Zwischenzeit gekommen und gegangen – daran, dass auf vielen mobilen Webseiten die vorhandenen Elemente schlecht angeordnet werden, hat sich nicht viel geändert.

Was als Zwischenruf mit ein paar Beispielen geplant war, hat sich zu einem umfassenderen Werk entwickelt und ist damit fast zu dem Nachschlagewerk über mobiles Internet geworden, das ich am liebsten schon 2008 geschrieben hätte, wozu ich aber nie kam.

Von Vorteil ist sicherlich, dass sich inzwischen viel leichter Beispiele finden lassen als 2008, vor dem Durchbruch des mobilen Internets.

Anfangs dachte ich, dieses Buch in erster Linie für Designer zu schreiben, die mithilfe der Beispiele und Verbesserungsvorschläge bessere Vorlagen an die Entwickler geben könnten. Inzwischen glaube ich, dass die Entwickler direkt meine Zielgruppe sind, die nach wie vor nur das Desktop-Design als Vorlage erhalten und eigenständig die mobile Version erstellen sollen.

Unabhängig davon, wer Sie sind: Ich hoffe ich kann Ihnen mit meiner Arbeit helfen, Ihre responsive Webseite besser an das „mobile Ende" des responsiven Webs anzupassen.

Berlin   Annika Brinkmann
Januar 2019

Begriffsklärung

Ich verwende den Begriff „Klick" auch für eine Berührung des Fingers auf einem Touch-Display. Ich kann mich einfach nicht daran gewöhnen es als „Touch" zu bezeichnen bzw. den Terminus „Touch mit dem Finger" oder „Berührung" einzusetzen, da diese Begriffe nicht so eindeutig damit konnotiert sind, dass diese Berührung den gleichen Effekt hat wie ein Klick.

Hinweise zu den Bildern

Wie stellt man am besten in Graustufen dar, was an einem Screen schlecht ist und was gut? Rot und grün fallen hier als Darstellungsmerkmal weg. Gerätedarstellungen, auf denen ich die ungünstige Darstellung zeige, symbolisiere ich deshalb nur mit einer Outline. Wenn das darstellende Gerät einen dunklen Rahmen mit Grauverlauf hat, zeigt es die gelungene bzw. optimierte Darstellungsversion. Die meisten Abbildungen sind so ausgelegt, dass sie entweder die gute, oder aber beide Versionen nebeneinander enthalten.

Hinweis zur Darstellung von Adresszeilen und anderen Browser-Bars: Diese wurden in erster Linie angezeigt, wenn sie für das Verständnis oder aufgrund des exakten Platzes auf dem Screen nötig sind. Teilweise habe ich sie weggelassen, um mehr Platz zur Darstellung der Beispiele zu haben. Wenn beide Versionen in einer Abbildung vorkommen, zeigt die Version ohne Adresszeile die gescrollte Seitenansicht.

Ob als Smartphone-Beispiel ein iPhone (mit den Viewportgrößen 320*480 Pixel (iPhone 1–5) oder 375*667 Pixel, z. B. iPhone 6, 7 und 8) oder ein Android-Gerät mit 360*640 oder 412*730 Pixeln zugrunde gelegt wurde hängt teilweise von dem ab, was ich Ihnen zeigen möchte. In diesem Fall finden Sie den Grund dazu in der Bildbeschreibung. Meistens jedoch sind die beschriebenen Sachverhalte Plattform-unabhängig.

Inhaltsverzeichnis

1.1 Status quo 2018

Das mobile Internet hat die Nutzung von Webseiten auf Desktop-Computern längst hinter sich gelassen. „Mobile first" ist angesagt, denn die Zeichen stehen oftmals sogar auf „Mobile only"-Nutzung des Internets – zumindest im Privatgebrauch.

Google Glasses sind längst wieder out, der Hype um Smart Watches dümpelt vor sich hin. Virtual Reality steht in den Startlöchern, VUI – Voice User Interface – ist (angeblich) das nächste große Ding. In keinem anderen Bereich klafft die Schere zwischen den technischen Möglichkeiten und wie (gut) sie genutzt werden ähnlich weit auseinander wie in der Webentwicklung.

Vor meiner Arbeit an diesem Buch wollte ich mein Smartphone oft auf den Tisch hauen, wenn ich eine schlechte mobile Seite entdeckt habe. Seither bricht bei mir Begeisterung aus, wenn ich ein Beispiel entdecke, an dem ich mehrere Probleme aufzeigen kann.

„Mobiles Webdesign? Brauchen wir nicht! Es gibt doch jetzt responsives Webdesign." Sagte 2012 ein Agentur-Chef, dem ich von meinem Workshop-Angebot erzählt habe. Wir werden sehen, dachte ich mir. Geben wir dem Ganzen etwas Zeit.

Zu der Zeit hat mich auch ein Kollege aus der BVDW-Gruppe „Mobile" gefragt, ob ich an dieses „Responsive Web" als Lösung für mobile Geräte glaube. Ja, tat ich! Und das tue ich immer noch. Vielleicht nicht für Webseiten die 100 % die Vorteile einer Gerätegruppe ausloten wollen, für die, die zu 99,9 % Informationen darstellen und Dinge verkaufen wollen ist responsives Webdesign eine geniale Lösung.

Ich wünschte ich hätte schon damals mehr darüber geschrieben, als ich meine erste, noch sehr unbeholfen umgesetzte, responsive Seite – zu sehen in Abb. 1.1 – am 22. Juni 2010 online stellte und nicht wusste, dass es für meinen Ansatz schon

© Springer Fachmedien Wiesbaden GmbH, ein Teil von Springer Nature 2019
A. Brinkmann, *Struktur und Design responsiver Webseiten auf Smartphones,*
essentials, https://doi.org/10.1007/978-3-658-25422-3_1

Abb. 1.1 Schematische Darstellung meiner ersten responsiven Website in der Version vom 22. Juni 2010

einen Namen gab. Der namensgebende Text von Ethan Marcottes „Responsive Web Design"[1] auf „a list apart" war zu dem Zeitpunkt noch keinen Monat alt und mir nicht bekannt.

Zeit ist seitdem viel ins Land geflossen. So viel, dass mein damals geplanter Nachwuchs nun schon vier Jahre alt ist. Meine Befürchtungen, in meinem Jahr Babypause würde sich alles rasant weiterentwickeln, haben sich nicht bewahrheitet. Lediglich die CSS-Technik **„Frameset"** hat sich 2014/2015 zu einer ernst zu nehmenden Layout-Technik entwickelt, die jedoch, ebenso wie viele andere CSS-Techniken, die es inzwischen gibt, zu dem Zeitpunkt, zu dem sie einsatzbereit war, kaum mehr gebraucht wurde, weil sich Web-Konzepter und Designer damit abgefunden haben, was geht und was nicht. Es lässt sich immer wieder beobachten, dass Techniken zunächst herbeigesehnt werden, jedoch nicht genutzt werden, wenn sie möglich wären, weil das Ziel, das mit ihnen erreicht werden sollte in der Zwischenzeit aus der Mode gekommen ist.

Letztes Jahr habe ich einen Designer darauf hingewiesen, dass eine Webseite, die er als gutes Beispiel aufgelistet hat, bei den Überschriften allzu verschwenderisch mit dem wenigen Platz auf Smartphones umgeht. Was seiner Meinung nach Konsistenz sein sollte bezeichne ich als Ignoranz dem Medium gegenüber.

---

[1]http://www.alistapart.com/articles/responsive-web-design/ Artikel vom 25. Mai 2010.

Kaum ein Web-Entwickler würde heute noch wagen eine Webseite anzubieten, die nicht responsive ist. Hoffe ich immer. Ich sehe aber nach wie vor Seiten, bei denen dies nicht stimmt.

Die ersten responsiven Experimente sind durch, auch preislich. Technisch gab es gelegentlich kleine Probleme, für die zwischendurch **Polyfills** zum Einsatz kamen. Der Name dieser kleinen Skripte, die Detailprobleme in Browsern wie Macken in einer Wand ausgeglichen haben, ist das englische Pendant zu „Moltofill". An dieser Stelle möchte ich allen Entwicklern danken, die ihre Lösungen veröffentlicht haben – Dankeschön!

Lange war die Webseite caniuse.com mein wichtigstes Werkzeug, um zu schauen, ob eine CSS-Eigenschaft, die ich verwenden wollte, genügend Browserunterstützung hat. War das nicht der Fall, so habe ich mithilfe des **Modernizr**-Spripts einen Fallback eingebaut oder eine andere Gestaltung gewählt. Inzwischen kommt das kaum noch vor.

Ein Problem bleibt jedoch trotz aller technischer Fortschritte und Homogenisierung der Browserunterstützung: Das „Mobiles Internet" (in der Definition „Webseiten auf Mobiltelefonen/Smartphones") bleibt vielen Akteuren immer noch ein Buch mit sieben Siegeln.

Was aber stört mich genau? Mich stört, wenn Inhalte nicht, zu klein oder zu groß für den verfügbaren Platz dargestellt werden, Navigationen von der falschen Seite her eingeblendet werden, keine Markierungen aufweisen, welche Seite aktuell aktiv ist, unübersichtlich gestaltet sind, Links auf wichtige Inhalte optisch mit Links auf rechtliche Hinweise gemischt werden, die querformatige Darstellung nicht nutzbar ist, etc. p. p.

Damit sich das endlich ändert, habe ich dieses Buch geschrieben. Sie können es komplett lesen, oder nur die Bilder der schlechten Beispiele und meine Verbesserungsvorschläge ansehen, dann haben Sie zumindest eine Idee davon, wie Sie es besser machen können!

1.1.1   {Put some device name in here} first!

„America first" hallt es in meinen Ohren. Ein Ansatz, der für diejenigen, die daran glauben wie der heilige Gral klingt – oder klang. Für alle, die etwas mehr Überblick haben, jedoch nur der Beweis, dass da jemand etwas nicht zu Ende gedacht hat. Ähnlich ist es mit den Schlagwörtern „Mobile first", „Tablet first", „Desktop first". Die Säue sind durchs Dorf getrieben! Und sie haben Dreck hinterlassen.

Auswüchse von „Mobile first"

Es ist nicht zielführend, Seiten so anzulegen, dass sie auf einem willkürlich gewählten Smartphone im Hochformat komplett ohne zu Scrollen nutzbar sind. Das mögen Sie aus Apps kennen, aber auch bei denen gibt es unterschiedliche Bildschirmgrößen zu beachten und nur weil es auf Ihrem Gerät perfekt aussieht, muss es das nicht auf allen Geräten tun.

Auf einem Screen nur so viele Informationen zu platzieren, wie auf einen Screen passen, mag für manche das logische Ergebnis von „Mobile first" sein, tatsächlich ist es Bullshit. Warum? Die Inhaltshäppchen, die auf einem Smartphonescreen sinnvoll erscheinen, geraten auf Tablet und Desktop-Monitoren viel zu vornehm, als dass sie den Informationshunger eines geneigten Users stillen könnten.

Eine Navigation, die nicht nur mobil, sondern auch auf größeren Displays hinter einem „Burger"-Menü versteckt wird, obwohl der Platz da wäre sie immer sichtbar darzustellen, macht vielleicht weniger Arbeit in der Konzeption und Programmierung, nötigt dem User jedoch unnötige Klicks ab und verringert die Übersichtlichkeit der Seite. In Abb. 1.2 sehen Sie ein Beispiel, bei dem die einzelnen Navigationspunkte auch gut nebeneinander platziert werden könnten.

Auswüchse von „Tablet first"

Ein Karrierenetzwerk hat im Jahr 2008 auf der Übersichtsseite, selbst auf kleineren Bildschirmen, bis zu 25 Neuigkeiten aus dem Netzwerk des Users angezeigt, wie in Abb. 1.2 schematisch dargestellt. Inzwischen wurde die Seite so umgestaltet, dass die Links groß genug sind, um auf Tablets im Hochformat bedient zu werden. Die Anzahl der Informationen, die ich auf meinem wesentlich höher auflösenden Display heute auf den ersten Blick sehen kann, ist indes auf fünf Einträge und vier Geburtstagsmeldungen geschrumpft, wie in Abb. 1.3 zu

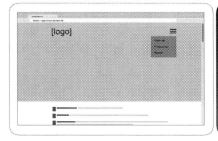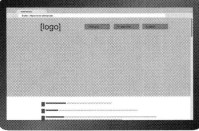

Abb. 1.2 Desktop-Version einer Webseite mit den drei Menüpunkten: „Über uns", „Philosophie", „Kontakt" – die problemlos nebeneinander auf der Seite Platz gefunden hätten

Abb. 1.3 Das Dashboard des Karrierenetzwerks. Links im Design von 2008 – die Neuigkeiten aus dem Netzwerk sind kurz und knapp dargestellt. Rechts im Design von 2018 – bei gleicher Fenstergröße ist von den Neuigkeiten aus dem Netzwerk nur noch die erste ohne zu scrollen sichtbar. Dafür ist die gesamte Seite 1:1 mit dem Finger auf Tablets bedienbar. Dass ein berufliches Netzwerk primär auf dem Tablet genutzt wird wage ich zu bezweifeln

sehen. Das macht sich auch deutlich im Feedback bemerkbar, das ich auf meine Statusmeldungen bekomme – unter anderem deshalb, weil ich sie letztlich eingestellt habe.

Auswüchse von „Desktop first"

„Desktop first" ist immer noch ein häufiger Ansatz. Schließlich haben viele Designer und Entwickler ihre Arbeit vor 2012 begonnen – als das mobile Internet noch nicht ernst genommen wurde – oder es gibt eine Desktop-Webseite, die endlich responsive werden soll.

Komplexe Seitenbäume werden oft ohne Review übernommen, was zu einer unübersichtlichen Navigation führt. Teilweise lässt sich dies mit dem verwendeten Content-Management-System oder etablierten SEO-URLs rechtfertigen. Gerade dann muss eine gestalterische Lösung gefunden werden, um die Übersichtlichkeit zu gewährleisten.

Auf Desktopseiten wurden häufig Marginalspalten eingesetzt, teilweise um eine Unternavigation darzustellen. Diese müssen mobil ebenfalls in die Hauptnavigation integriert werden oder benötigen eine eigene Navigationslogik. Informationsblöcke in der Marginalspalte müssen einzeln bewertet werden, ob diese Marginalien sind und am Ende der mobilen Seite platziert werden können, oder ob sie mobil am Anfang einer Seite sichtbar sein sollten. Müssen diese Informationen immer angezeigt werden, oder reicht es, wenn sie in einem Klappmenü verfügbar sind? Entscheidungsgrundlage sollte auch der Platz sein, den diese Information einnimmt. Wenn der User auf jeder Seite erst über diesen Infoblock

Abb. 1.4 Eine Marginalspalte, die mobil und auf dem Tablet oben platziert und deren Inhalt zunächst eingeklappt dargestellt wird

hinwegscrollen muss, um den eigentlichen Inhalt zu sehen, ist ein Klappmenü die bessere Lösung. Meinen Lösungsvorschlag zu diesem Dilemma finden Sie in Abb. 1.4.

Dass „Desktop First" durchaus gelingen kann, auch wenn die Desktop-Version nicht verändert werden darf, konnte ich 2014 für eine Versicherung unter Beweis stellen. Dazu mehr in Abb. 1.6 aus dem Abschn. „Ein Unterschied wie Tag und Nacht".

Weg vom „[Device] first"-Ansatz

Wenn Sie nach einem „* first"-Ansatz suchen: Nehmen Sie „Concept first" bzw. „Purpose first" oder wenigstens „Content first".

Bei „Content first" gehen Sie von den Inhalten, die Sie haben oder planen aus und versuchen, diese auf allen Geräten bestmöglich darzustellen.

„Concept first" betrachtet in erster Linie die Ziele, die Sie mit ihrer neuen bzw. überarbeiteten Webseite verfolgen, sowie die Bedürfnisse Ihrer Zielgruppe, verschiedene Aspekte der Usability und im besten Fall auch Barrierefreiheit – und die Struktur Ihrer Inhalte samt Metadaten.

Worauf ich hinaus will: Vergessen Sie in der Konzeption niemals, dass responsive Webseiten nicht nur in unterschiedlich breiten Browserfenstern, sondern auch auf unterschiedlicher Hardware mit individuellen Funktionsumfängen und Schnittstellen dargestellt werden. Das einfachste Beispiel: Ermöglichen Sie mobil die Kontaktaufnahme per Telefon, versuchen Sie nicht den User zur Eingabe

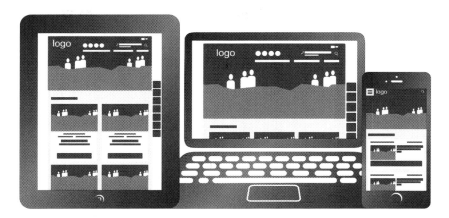

Abb. 1.5 Eine der wenigen wirklich gelungenen responsiven Websites: Informationen und Bildmaterial werden sinnvoll an den verfügbaren horizontalen und vertikalen Platz angepasst

seiner Nachricht per Text zu zwingen. Es sei denn es gibt Niemanden, der ans Telefon geht!

Eine Seite, bei der dies erfreulich gut gelungen ist sehen Sie in Abb. 1.5.

1.1.2   Eine Fotografie entsteht nicht im Labor – eine Webseite wird nicht vom Programmierer gestaltet

Schauen wir auf die Arbeitsteilung im Entstehungsprozess von (responsiven) Webseiten.

Diese Arbeitsteilung besteht klassischer Weise zwischen KonzepterIn, DesignerIn und Front- und Backend-EntwicklerInnen. Im agilen Projektmanagement sind noch Product Owner und Scrum Master mit von der Partie und die zeitlichen Abläufe sind kürzer und paralleler als im „klassischen" Wasserfall-Projektmanagement. Im Idealfall sitzen gemischte Teams zusammen und haben kurze Abstimmungswege. Es kommt jedoch noch häufig genug vor, dass Agenturen Konzept und Design mit dem Kunden abstimmen und dann beides an einen externen Dienstleister weitergeben.

Bei den Dienstleistern sitzen vor allem Entwickler, die anhand von gestalteten Screens und Styleguides eine Webseite umsetzen sollen.

Ich liebe Entwickler – was die alles können!

Haben Sie schon mal mit einem Entwickler gesprochen, der zunächst negiert, dass sich Ihre Vorstellungen umsetzen lassen? Wenn Sie ihn weiter löchern, ein Leuchten in den Augen entdeckt, weil Sie ihn mit Ihren naiven Rückfragen auf eine Idee gebracht haben, wie er das unmöglich Erscheinende doch umsetzen kann?

Ein solches Glück habe ich während meiner Arbeit an dem mobilen Portal eines großen deutschen Autoherstellers erlebt. Dieser Moment gehört zu den Erinnerungen, die mir jedes Mal Freude bereiten, wenn ich dran denke.

Entwickler können mit Worten zaubern, deren Logik und Vokabeln sich Laien wie mir nicht immer erschließen. Entwickler übersetzen vordefinierte Seiten-Layouts in strukturierte, im Idealfall semantische Auszeichnungssprachen. Sie übersetzen das visuelle Vokabular in einzelne Eigenschaften und gießen Abläufe und Logiken in geeignete Programmiersprachen.

Nur: Nach wie vor geschieht es, dass die Design-Vorlagen, anhand derer die Entwickler eine responsive Webseite umsetzen sollen, nur die Layouts für große Bildschirme enthalten und die Übersetzung der Designs inklusive der Navigationslogik für andere Screengrößen in der Entwicklung „nebenbei" erledigt werden soll.

Was Entwickler aber nur selten können – es ist auch nicht ihre Aufgabe – ist die konzeptionelle und gestalterische Transformation eines Layouts für verschiedene Medien. Einige Entwickler gehören in die Kategorie der Super-Zauberer und machen auch das mit Links. Aber sie sind schwer zu finden. Und wenn man sie gefunden hat, zaubern sie gerade für die Konkurrenz.

„Ach, Du darfst Dir ausdenken, was wir dann umsetzen müssen?" hat mich ein Entwickler an einem lauschigen Mobile-Monday-Abend gefragt. Ja. Darf ich. Muss ich aber auch. Teilweise bis ins kleinste Detail. Denn wie in Hogwarts müssen auch die Zaubereischüler erst wissen, was sie zaubern sollen, damit sie die richtige Formel anwenden können.

Ein Unterschied wie Tag und Nacht

Anfang 2014 erhielt ich den Auftrag, eine responsive Seite konzeptionell und gestalterisch zu überarbeiten. Der Kunde war ein Versicherungsunternehmen mit interner IT-Abteilung. Diese hatte bereits einen ersten Wurf gemacht, um die Webseite mobil nutzbar zu machen. Meine konzeptionelle und gestalterische Arbeit begann ein paar Tage nach dem Launch. Eine dankbare Aufgabe, zumal dem Kunden und auch der IT-Abteilung schon Wochen vor dem Relaunch bewusst war, dass die eigene Version nur eine Zwischenlösung sein soll. Die schematische Darstellung der vorher-/nachher-Ansicht und die Desktop-Seite finden Sie in Abb. 1.6.

Abb. 1.6 Die Startseite des Versicherungsunternehmens auf dem Desktop und mobil vor (links) und nach meiner Überarbeitung (rechts). Besonders wichtig war es mir, den Zugang zu den Kontaktmöglichkeiten weit oben zu lassen, ohne den User zu zwingen immer über diese hinwegzuscrollen. Die Lösung war hier eine Interaktionszentrale: Klappmenüs, in denen Kontakt, Suche, Menü und später der Login-Bereich schnell zugänglich gemacht wurden

Auch Kunden wollen gerne wissen, was gezaubert werden soll. Peinlich ist es, wenn sie besser wissen, was auf dem Zielmedium sinnvoll ist, als die Agentur. 2006 habe ich erlebt, wie ein erfahrener Kunde dem (neuen) Projektmanager und dem (Print-)Designer klar gemacht hat, dass der vorgestellte Entwurf nicht umsetzbar ist. Das ist das Gegenteil dessen, was wir uns als Konzepter, Gestalter, Entwickler und Projektmanager mit Berateranspruch wünschen. In diesem Fall musste ich dem Kunden Recht geben. Aber das war 2006. Vor über zwölf Jahren. Inzwischen sollte dies nicht mehr passieren.

Geschichten aus der Praxis
Ein befreundeter Dienstleister hat mir letztens verraten, was für Vorlagen sie von Agenturen für die Umsetzung responsiver Webseiten erhalten: die Darstellungen für den Desktop und die Arbeitsanweisung „Macht es einfach schmal".

Einer der Entwickler konnte sich in vier Jahren nur an einen Fall erinnern, in dem ihm ein komplettes Design für alle Geräteklassen vorgelegt hat. In einem weiteren Fall war immerhin ein brauchbarer, aber wirklich nicht raffinierter mobiler Screen abgebildet.

In einem anderen Projekt war die Webseite in zwei Tagen umgesetzt. Die Nacharbeiten für die verschiedenen Darstellungsgrößen haben sich noch vier Wochen hingezogen.

Einen Agenturchef habe ich kennengelernt, der seine ganze Firma zur optimalen Bearbeitung responsiver Projekte umgekrempelt hat. Aus homogenen Abteilungen hat er interdisziplinäre Teams gemacht. So weit, so innovativ. Derselbe Mensch erzählte weiter, seine Entwickler würden alle Seiten nur adaptiv, also mit mehreren fixen Breiten statt komplett fluide, umsetzen. Alles andere wäre zu aufwendig. Schade eigentlich. Damit wird auf vielen Geräten viel wertvoller Platz verschenkt.

Wer nach einem brauchbaren responsiven Wordpress-Theme sucht hat ebenfalls ein Problem. Abgesehen davon, dass mich das Konzept der Theme-Suche nicht überzeugt, weil eigentlich erst das Inhaltskonzept einer Seite vorliegen und dann das passende Theme anhand der Struktur ausgesucht werden müsste, konnte ich kein Theme finden, das mobil wirklich gut umgesetzt gewesen wäre.

Ein allumfassendes Konzept ist definitiv nichts für jede Portokasse. Aber wenn Sie als Kunde schon Budgets für neue Webseiten freigeben, knausern Sie bitte nicht an der falschen Stelle!

1.2 Das mobile Internet kann noch viel besser werden. Helfen Sie mir dabei!

Teilweise sind die negativen Aspekte an den einzelnen Beispielen, die Sie im zweiten Teil dieses Buches kennenlernen werden, Peanuts. Aber immer wieder die gleichen Fehler zu sehen, stört mich zunehmend. Immerhin, ein paar Fehler habe ich schon eine Weile nicht mehr beobachtet.

1.2.1 Impfungen gegen die schlimmsten Unarten im mobilen Webdesign ...

Speziell die Navigationsformen sind in den letzten Jahren besser geworden. Die schlimmsten Auswüchse, die ich beobachtet habe, möchte ich Ihnen hier kurz vorstellen. Wenn Sie bisher überlegt haben diese einzusetzen: Lassen Sie es! Mit anderen Worten: Nehmen Sie die nächsten Abschnitte als Impfung gegen allzu schlechte Nutzerführung.

… z. B. Navigationspunkte, die ohne inhaltliche Aussage den ganzen Screen einnehmen

Start, Über uns, Angebot, Kontakt sind wichtig, aber irrelevant, wenn der User zunächst nicht sieht, ob er auf der Seite eines Automechanikers oder Schmuckherstellers gelandet ist, ob die Intention der Seite Information oder ein käufliches Angebot darstellt.

Wenn diese Punkte direkt unterhalb eines großen Headerbereiches dargestellt werden und die jeweils aktive Rubrik in der Navigation nicht sichtbar hervorgehoben wird, kann es sein, dass der Nutzer gar nicht mitbekommt, dass die gewünschte Seite schon aufgerufen wurde. In Abb. 1.7 können Sie nachvollziehen, wie wenig aussagekräftig ein solcher Seiteneinstieg sein und wie dem leicht abgeholfen werden kann.

… z. B. das Formular-Element des Pulldowns als Navigations-Element einsetzen

Die Unart, Navigationspunkte im mobilen Internet in das Form-Element Pulldown zu zwängen sieht man glücklicherweise kaum noch. Glücklicherweise, weil

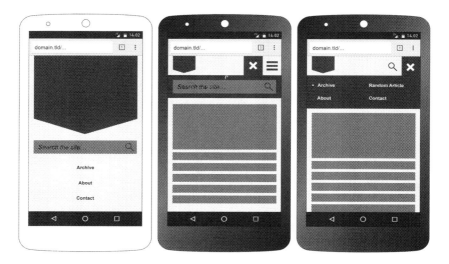

Abb. 1.7 Links: Darstellung eines Screens, bei dem im sichtbaren Bereich immer nur die Navigation angezeigt wurde, ohne Hinweis darauf, um was es auf der Webseite geht, oder welche Unterseite aktuell geöffnet ist. Mitte: die Suche kann in ein Klappmenü umziehen. Rechts: das geöffnete, zweispaltige Menü

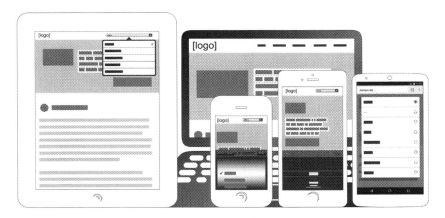

Abb. 1.8 Eine Navigation, die auf dem Desktop noch ausgeklappt angezeigt wird, bei kleineren Screens jedoch in ein Pulldown-Formular-Element umgewandelt wurde. Eine klare Zuordnung von Aufruf und Inhalt ist weder auf iPads (links), iPhone 4 bzw. iPhone 7 (vor dem Laptop), noch auf Android (ganz rechts) gegeben. Eine konsistente Gestaltung ist im offenen Zustand auf Smartphones nicht möglich

diese Darstellung mehrere Probleme mit sich bringt. Zuallererst sei zu nennen, dass schon die Default-Darstellung dieses Elements in den verschiedenen Browsern unterschiedlich und nie schön ist, wie in Abb. 1.8 dargestellt. Es kann zwar im geschlossenen Zustand mit CSS etwas gestyled werden, im offenen Zustand jedoch unterliegt es der Darstellung der jeweiligen Plattform und ist alles andere als schön oder gar passend zur darstellenden Seite.

Statt einem Pulldown empfehle ich ein mit CSS gestaltetes und ebenfalls damit oder per JavaScript gesteuertes Klappmenü (vgl. Abschn. 2.3.4), einen gestalteten Overlay, oder auch ein Off-Canvas-Menü (mehr dazu im Abschn. 2.2.4).

... z. B. den User zwingen, sein Smartphone zu drehen

Die Nutzung von Smartphones erfolgt überwiegend im Hochformat. Dies liegt zum einen an der einfacheren Nutzung mit einer Hand, aber auch daran, dass die Darstellung einer App im Hoch- und Querformat doppelten Entwicklungsaufwand im Frontend bedeutet, weil beide Darstellungsvarianten einzeln umgesetzt werden müssen. Dadurch haben sich viele User an die hochformatige Nutzung gewöhnt, obwohl die größere Tastatur-Darstellung für viele Nutzer das Querformat attraktiver gemacht hat. Ob der Lagesensor im Browser reagieren und die Darstellung der Seite entsprechend angepasst werden soll kann jeder User individuell einstellen. Genau hierher gehört die Hoheit über die Nutzungsausrichtung: in die Hand des

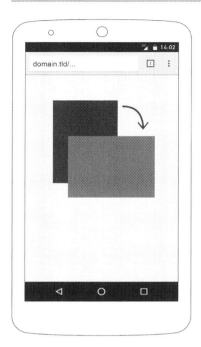

Abb. 1.9 Die gezeigte Aufforderung, sein Smartphone um 90 Grad zu drehen, stammt von einer Film-Webseite, die dem Interessenten ein bestmögliches Erlebnis des Filmvergnügens bieten wollte, dabei jedoch übersehen hat, dass sich ein Film auch im Hochformat abspielen lässt bzw. einige Plattformen auch Einstellungen haben, mit denen sich festlegen lässt, dass der Film mobil automatisch im Vollbildmodus und Querformat angezeigt wird. Im Hochformat grundsätzlich die Seite und den Aufruf des Filmes auszublenden ist bei >80 % Nutzung des Smartphones in diesem Format mehr als suboptimal!

Users! In der Regel müssen nur wenige Module einer Webseite für die Darstellung im Querformat optimiert werden. Dies sollte aber unbedingt erfolgen, schon allein, weil Sie nie wissen können, welches Bildschirm-Format als nächstes populär wird!

Zwingen Sie den User niemals sein Smartphone zu drehen. Technisch ist dies zwar ein Kinderspiel, bevormundet den User jedoch. Die Tatsache, dass ein Video im Querformat größer dargestellt wird als im Hochformat, sollte nicht wie in Abb. 1.9 dargestellt dazu führen, dass die ganze Seite nicht angezeigt wird. Wenn der User das Video klein ansehen möchte: bitteschön!

Das mobile Internet könnte so schön sein. Es müsste nur gut gemacht werden

In diesem Kapitel stelle ich Ihnen Beispiele vor, wie Sie es nicht machen sollten, bzw. wie Sie es besser machen können. Ich kenne Ihre Seiten nicht. Ich weiß nicht, welche Ziele Sie verfolgen und welche Fehler bei Ihnen möglicherweise zu finden sind. Ich kann Ihnen keine konkreten monetären Versprechungen machen, welche Vorteile Sie davon haben, wenn Sie kleinere und größere Schnitzer aus ihren Seiten entfernen (lassen). Ich kann ihnen aber versprechen, dass Ihre User es Ihnen danken werden.

Alle Beispiele in diesem Kapitel sind oder waren kürzlich in der gezeigten Form online. Sie werden in diesem Buch aus zwei Gründen nicht im Original-Design sondern anonymisiert dargestellt. Zum einen, um die betreffenden Webseiten nicht in Misskredit zu bringen, zum anderen, damit Sie das Prinzip dahinter erfassen können, ohne von Marke und Design abgelenkt zu werden. Für sich genommen handelt es sich um Einzelbeispiele, die mal mehr, mal weniger kritische Fehler enthalten. Kritisch wird es dann, wenn mehrere ungünstige Elemente aufeinandertreffen und dadurch die Funktionalität blockieren. Zum Beispiel zwei Sticky Elements – Header und Footer – auf einer Seite mit einem Formular, wie im Beispiel in Abb. 2.7.

Wenn Sie die Beispiele in diesem Kapitel gelesen haben, werden Sie nachvollziehen können, dass ich viele Schwächen im mobilen Internet bemängele, die sich dadurch eingeschlichen haben, dass Agenturen begonnen haben, responsive Webseiten umzusetzen, ohne sich mit dem mobilen Internet auseinandergesetzt zu haben.

Im Fall eines Game-Shops, bei dem 2007 einige meiner Verbesserungsvorschläge zu Seitenstruktur, Gestaltung und Formularanordnung (Transparenz im Kaufprozess in Zeiten, in denen Klingeltonanbieter die Verbraucher mit Abo-Fallen verunsichert haben) umgesetzt wurden, ließ sich die Dankbarkeit der User in einem Umsatzzuwachs von 30 % messen.

© Springer Fachmedien Wiesbaden GmbH, ein Teil von Springer Nature 2019   15
A. Brinkmann, *Struktur und Design responsiver Webseiten auf Smartphones*,
essentials, https://doi.org/10.1007/978-3-658-25422-3_2

2015 hat das dänische Baymard Institute eine Studie vorgestellt, die sich mit Shops im mobilen Internet auseinandersetzt. Die vorgestellten Erfolgsfaktoren entsprachen teilweise denen, die 2007 schon den Game-Shop erfolgreicher gemacht haben. Das zeigt, dass grundlegende Erkenntnisse aus den frühen Jahren des mobilen Internets nach wie vor ihre Gültigkeit haben. Jetzt müssen sie nur noch flächendeckend eingesetzt werden.

Die gute Nachricht: Im internationalen Vergleich schneiden wir nicht schlechter als die anderen ab. Die Fallbeispiele, die im Podcast[1] von Karen McGrane (der ich 2016 für Mobile-Zeitgeist ein paar Fragen stellen durfte[2]) und Ethan Marcott (vgl. Abschn. 1.1) besprochen werden, zeigen auf Smartphones eine ganze Reihe der beschriebenen Fehler.

In den Workshops, die ich seit 2011 durchführe, sensibilisiere ich meine Teilnehmer gezielt für die Besonderheiten von responsiven Webseiten auf Mobiltelefonen. Dadurch konnte ich hoffentlich schon bei der einen oder anderen Seite helfen das Ergebnis zu verbessern.

„Der Bedarf an Designern wird auch in Zukunft sehr hoch sein" habe ich 2001 zu meiner Kommilitonin gesagt. „Ja, aber der Bedarf an Leuten, die vermitteln, dass der Bedarf an Designern sehr hoch sein wird, wird noch größer sein" war ihre Antwort. Recht hattest Du, Sabine Reichel.

Liebe Kunden!
Im folgenden Kapitel finden Sie einige Beispiele beschrieben, anhand derer Sie feststellen können, ob Ihre Agentur Sie gut berät. Wenn sie sichergestellt hat, dass die folgenden Punkte nicht auf Ihre Webseite zutreffen, gratuliere ich Ihnen zu Ihrer Wahl! Und wenn Sie sich in dem einen oder anderen Punkt gegen die Beratung entschieden haben: Investieren Sie in eine Nachrüstung – es lohnt sich!

Liebe Agenturen!
Nehmen Sie meinen Rat an: Investieren Sie in die Weiterbildung Ihrer Mitarbeiter! Versuch und Irrtum sind am Ende des Jahres teurer als gezielte Schulungen.

Liebe Entwickler!
Lernen Sie auch mal „Nein" zu sagen! Sagen Sie „Nein, ich weiß nicht, wie ich diese komplexe Navigation am besten so auf einem Smartphone darstelle, dass es auch noch gut aussieht und super nutzbar ist." Sagen Sie „Nein, Sie können

---

[1]https://responsivewebdesign.com/podcast/.
[2]https://www.mobile-zeitgeist.com/interview-karen-mcgrane/ Interview vom 05.09.2016.

eine Webseite nicht mit fixem Layout umsetzen, das wird von Google seit 2015 abgestraft." Sagen Sie „Nein, ich kann nicht zaubern, ohne zu wissen, was ich zaubern soll."

2.1   Above the fold – die erste Ansicht

In meinen Kursen habe ich immer wieder Teilnehmer, die versuchen, alle Inhalte ohne zu Scrollen auf einer Screenhöhe darzustellen. Das ist jedoch unmöglich, schon allein, weil es nicht die eine, allgemein gültige Screenhöhe, oder auch nur ein festes Seitenverhältnis gibt. Aber auch das Gegenteil ist nicht ratsam: zu viel Platz verbrauchen, bevor der User relevante Informationen sieht.

2.1.1   Den Inhalt vor lauter Metadaten nicht sehen

Vergessen Sie vor lauter Werbung und Zusatzinformationen nicht, den Inhalt vor dem ersten Scrollen sichtbar zu machen! Bei einer Newsseite ist dies z. B. ein Bild zum Artikel. In Abb. 2.1 werden so viele Metadaten vor dem Bild angezeigt, dass von diesem zunächst nur ein kleiner Teil sichtbar ist. Metadaten wie Autor und Veröffentlichungsdatum sind definitiv relevant, sollten jedoch den eigent-lichen Inhalt nicht übermäßig nach unten verdrängen. Eine Umsortierung kann den Leseanreiz erhöhen.

2.1.2   Den Inhalt vor lauter Bild nicht sehen

Bilder können angeblich mehr sagen als 1000 Worte. Im mobilen Web führen Bil-der jedoch gerne auch mal dazu, dass sie das auch müssen, da man vor lauter Bild die Worte nicht sieht. Ob das Bild in Zeiten der Stockphotographie jedoch genug Aussagekraft hat, hängt stark vom Thema und dem gewählten Abstraktionslevel ab.

In Abb. 2.2 sieht es zunächst gegenteilig aus: Das Bild geht über die gesamte Bildschirmhöhe und verdrängt jeglichen Text aus dem sichtbaren Bereich. Als Startseite funktioniert so etwas nur bedingt, weil der (erstmalige) Besucher „above the fold" keine Informationen sieht, worum es auf der Seite geht, wenn die URL oder Marke darüber noch nichts verraten. Wenn so ein Bild am Anfang jeder Seite steht, wird der User schnell genervt davon sein, jedes Mal klicken und scrollen zu müssen, wenn er Inhalt sehen möchte. Ob dieses Bildmodul sinnvoll ist oder nicht hängt vom Thema der Seite und davon ab, wie es eingesetzt wird.

Abb. 2.1 Was wird wohl den User mehr dazu bewegen den Artikel zu lesen? Das Bild, das die Überschrift ergänzt, oder die Metadaten, wer wann was daran geändert hat? Ich behaupte: Letzteres kann weiter unten platziert werden!

Meine Tipps zur Nutzung des Platzes „Above the fold"
Gehen Sie sorgfältig mit dem Platz „Above the fold" um: Nutzen Sie ihn, um den User über Ihr Produkt bzw. Ihre Dienstleistung zu informieren. Auch wenn Ihre Marke in Ihrer Branche oder Ihrer Zielgruppe gut bekannt ist: denken Sie an Branchenneulinge und Interessenten, die noch nie von Ihnen gehört haben! Diese möchten nicht erst lange rätseln, ob Sie bei einem Maschinenbauer oder Wettbüro gelandet sind, weil das erste Bild sich auf eine Aktion zum aktuellen Sportevent bezieht.

1. Die Höhe des Headers mit Navigation und Interaktionselementen macht viel aus. Tipps dazu finden Sie im Abschn. 2.2
2. Formulieren Sie Ihre Cookie-Hinweise so sparsam wie möglich (mehr steht im Abschn. 2.1.3)

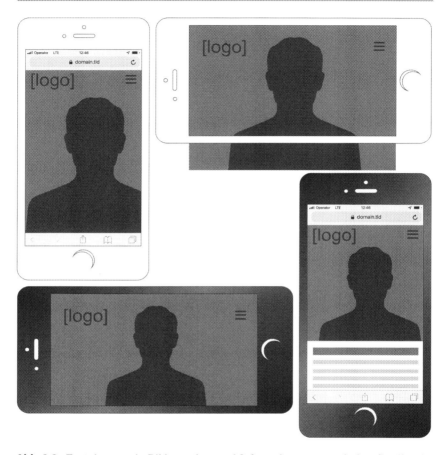

Abb. 2.2 Zunächst nur ein Bild zu zeigen und Informationen erst nach dem Scrollen, ist nicht immer die beste Lösung. Nicht nur, dass häufig vergessen wird das Bild im mobilen Querformat ebenfalls auf die Screenhöhe zu begrenzen – ganz ohne Text weiß der User nicht, warum die Seite die Mühe des Scrollings wert sein soll. Besser: die Höhe des Headers + Hero-Image im Hochformat auf ca. 70 % der Screenhöhe beschränken – und im Querformat nicht über 100 %!

3. Verzichten Sie auf formatfüllende und hochformatige Bilder (mehr zu geeigneten Formaten steht im Abschn. 2.3.6)
4. Beachten Sie immer auch das Querformat auf Smartphones!

2.1.3   Den Nutzer mit Keksen vergraulen

Woher der Ausspruch „Come to the dark side, we got cookies" stammt ist umstritten[3] – fest steht: Cookies sind nicht immer leicht verdaulich….

Der Hinweis auf Cookies ist aufgrund einer EU-Richtlinie obligatorisch. Auf vielen Webseiten wird er als Overlay dargestellt, der bis zum Aktzeptieren des Cookies Teile der Webseite überdeckt. Dadurch ergibt sich ein zusätzlicher Klick – ein Ärgernis, das nach wie vor vermieden werden sollte.

Wegzaubern lässt sich dieser Hinweis nicht, auf manchen Seiten aber immerhin wegscrollen. Wenn dies z. B. aus rechtlicher oder technischer Sicht nicht möglich ist, sollte der Hinweis auf den Cookie wenigstens nicht den Headerbereich mit dem Logo überdecken. Die Darstellung zwischen oberem Bildschirmrand und dem Header oder noch besser gleich am unteren Bildschirmrand würde ich immer vorziehen, wie Sie in Abb. 2.3 sehen können.

> **Meine Tipps zum Umgang mit Cookie-Hinweisen**
> „So viel wie nötig, so wenig wie möglich"! Dies gilt für die Textlänge (lassen Sie diesen am besten von einem Juristen prüfen) sowie für eine knappe Gestaltung. Bitte vergessen Sie auch nicht im Cookie zu speichern, ob ein User Ihrem Cookie bereits zugestimmt hat (rechtliche und technische Aspekte bezüglich der Dauer beachten).
> Der beste Platz für ein Overlay ist als sticky-Element am unteren Rand des Bildschirmes.

2.1.4   App-Store-Werbung

Der Browser ist meine Lieblings-App! Darum bin ich hier vielleicht ein wenig parteiisch…

Im Browser kann ich viele Inhalte finden, die mich interessieren, ohne immer gleich eine neue App laden zu müssen. Ja, ich weiß, Sie haben viel Geld in Ihre App investiert und wollen Ihre mobile Seite nutzen, um sie zu promoten. Aber muss ich wirklich jedes Mal den Banner, der mich in den App-Store verlinken möchte, wegklicken bzw. überscrollen? Das ich das einmal getan habe, können

---

[3]https://davidmperez.wordpress.com/2007/09/04/where-come-to-the-dark-side-we-have-cookies-comes-from.

Abb. 2.3 Inzwischen hat jeder begriffen, dass Cookies auf jeder Webseite einzeln zugestimmt werden muss. Dafür muss aber nicht der halbe Bildschirm überdeckt werden – lieber dem User einen Link auf mehr Informationen anbieten, als alles in einem Overlay abzuhandeln

Sie doch problemlos im Cookie speichern, dessen Zustimmung Sie mir ebenfalls abgenötigt haben. Dass ich auf Ihrer Seite App-Informationen und Downloadlinks finden kann sollten Sie natürlich sicherstellen.

Vorgefertigte App-Store-Links
Es gibt vorgefertigte Formate für einen App-Store-Link, der anhand des User-Agents am Anfang der Seite eingeblendet wird. Wie auch bei den Social-Media-Links (siehe Abschn. 2.4.2) stört mich hier, dass ich – je nach Bekanntheit der Marke – an diesem Punkt noch nicht weiß, ob ich das Angebot nutzen möchte, welchen Funktionsumfang ich auf der Webseite und welchen ich in der App zu erwarten habe. Geben Sie Ihren Nutzern die Gelegenheit, sich erst umzusehen!

App-Store-Links und andere werbliche Inhalte in Overlays
Ein Onlinehändler, bei dem ich gelegentlich über die (nicht responsive) mobile Webseite bestelle, hat sich für folgende Lösung entschieden: Obwohl ich eingeloggt bin – und das System weiß, dass ich bereits mobil gekauft habe – erhalte ich ein großes Overlay, das mich auf die App verweist. Spannender Weise ist

Abb. 2.4 Links und Mitte: App-Store-Links, die mich eher abschrecken als in den App-Store locken. Mitte: Beim Öffnen der Seite liegt ein Overlay über dem abgedunkelten Inhalt, das mich mit monetärem Vorteil zum Login in der App (die sich schon auf meinem Gerät befindet) bewegen möchte. Rechts: ein wenig mehr Informationen und die unaufdringliche Version der Buttons lasse ich mir schon eher gefallen

nicht das App-Icons mit dem Namen verlinkt, sondern nur der Call-To-Action-Button. Hier wäre es sinnvoller gewesen alle Elemente zu verlinken.

Testweise habe ich die App aus dem Overlay (Abb. 2.4. Mitte) heruntergeladen, um zu schauen, ob ich in der App wie im Web ohne Login browsen kann. Dieser Test war positiv. Ansonsten konnte ich keinen Vorteil für mich durch die App erkennen. Im Gegenteil: die iPhone-App kann (im Gegensatz zur iPad-Version) nur im Hochformat genutzt werden, im Browser gehen beide Bildschirmausrichtungen, wenn auch das Querformat nicht besonders geschickt genutzt wird. Überrascht hat mich die Wortwahl im App-Menü. Da gelangt man über den Link „Homepage" zurück zur App-Startseite. Ein gutes Beispiel dafür, dass das Wording nicht 1:1 übernommen werden kann.

Meine Tipps zur Integration von App-Store-Links
Lassen Sie den Nutzer auf Ihrer Seite ankommen! Nutzen Sie Ihre Seite, um den Nutzer neugierig zu machen und bieten Sie die App an, ohne mit

dem Zaunpfahl zu winken. Dabei gilt es natürlich zu unterscheiden, was Ihr Produkt ist:

a) Wenn Ihr Produkt die App ist: klar, muss diese beworben werden! Aber auch dann sollten Sie dem Nutzer nicht unbedingt mit dem App-Link ins Gesicht springen, bevor er sich nicht informieren konnte, worum es bei Ihrer App geht.

b) Wenn Ihr Produkt sowohl über die App als auch über die Webseite funktioniert, wägen Sie ab, ob es reicht, dass der Nutzer Ihr Angebot im Browser nutzt, bevor Sie ihn durch den Download der App ausbremsen.

2.2   Der Header

Als Header wird der obere Bereich einer Webseite bezeichnet, der üblicherweise Logo und Navigation enthält. Schon hier können viele Fehler gemacht werden! Mobil gilt: Platzieren Sie den Header immer als oberstes Element! Werbung – egal wofür – hat nichts an erster Stelle zu suchen!

2.2.1   Von Riesen- und Zwergen-Logos

Logos habe ich schon in den unterschiedlichsten Größen gesehen. Die meisten sind ausgewachsen gewesen, einige wurden allerdings zu stark gedüngt: Sie passten nicht so recht ins Format. In einem Fall hat ein Logo tatsächlich die halbe Höhe des verfügbaren Platzes im Hochformat eingenommen. Im Querformat war gar nur die obere Hälfte des Logos sichtbar, wie ich in Abb. 2.5 dargestellt habe.

2.2.2   Sticky Elements

Sticky Elements – klebrige Elemente, werden nicht mit dem Inhalt der Seite zusammen mitgescrollt, sondern bleiben an einer fixen Position auf dem Bildschirm stehen. Sie benötigen permanent Platz auf dem Screen – auch wenn manche erst dann sichtbar bzw. fixiert werden, wenn der User zu einer bestimmten Position oder darüber hinaus gescrollt hat. Da Platz auf Smartphones knapp ist und zusätzlich Fläche an die Browserbar verloren geht (in einigen Browsern immerhin nicht im Querformat), sollten Sticky Elements nur sparsam eingesetzt werden.

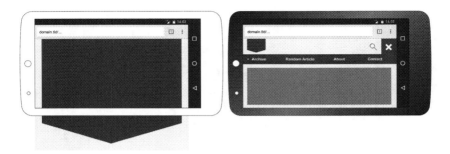

Abb. 2.5 Dieses Beispiel kennen Sie bereits im Hochformat aus Abb. 1.7. Im Querformat wäre es ein Leichtes, neben dem Logo noch die Navigation und den Link zum Öffnen der Suche zu platzieren, wie rechts dargestellt

Die gröbsten Fehler, die im Zusammenhang mit Sticky Headern oder Footern gemacht werden können sind:

- Den Bereich unsauber platzieren, sodass Inhalte daneben „hervorblitzen".
- Sticky Header oder Footer optisch nicht vom Content zu trennen.
- Dem Header den falschen Wert auf der Z-Achse geben, sodass der Content über dem Header, statt darunter entlang gescrollt wird.
- Header und Footer sticky zu setzen.

Im Beispiel in Abb. 2.6 ist der Header-Bereich mit den wechselnden – aber nicht klickbaren – Kontaktdaten und dem Logo sehr groß geraten. Das hochformatige Logo – mobil generell suboptimal – ragt in den Menü-Bereich hinein. Beim Scrollen wird die Zeile mit dem Menü-Icon nach oben mitbewegt, die Kontaktdaten und das Logo bleiben in unverminderter Größe stehen.

Mein Tipp für den Einsatz von Sticky Header
Wenn es nicht unbedingt nötig ist, ein Element kontinuierlich anzuzeigen, lassen Sie es!
Wenn Sie schon den Header sticky machen, ermöglichen Sie darüber auch den Zugriff auf das Menü. Speziell im Querformat reduziert ein sticky Header die bereits geringe Höhe unverhältnismäßig stark. Ggf. reicht es, eine Lasche anzubieten, die die gewünschten Informationen einblendet, sobald der User sie aktiviert. Oder Sie lassen es so programmieren, dass der Header im Querformat beim Hochscrollen sichtbar wird.

Wichtiger als die dauernde Anzeige der Navigation ist, dem User am Ende des Inhaltsbereiches einen Link zum Anfang der Seite anzubieten. Sie können aber auch einfach eine „Contiguous Navigation"[4] anbieten, mit deren Hilfe der User einfach weiter auf der Seite navigieren kann.

Abb. 2.6 Oben: Das Logo und die Kontaktdaten (mit Wechsel zwischen zwei Nummern für unterschiedliche Städte) am Anfang der Seite prominent darzustellen ist grundsätzlich nicht verkehrt – so viel Platz dauerhaft zu blockieren hingegen schon. Mitte und unten: im Querformat lieber weniger Höhe verschwenden und den Header nach dem Scrollen in einer reduzierten Version fixieren

---

[4]Diesen schönen Begriff hat der Designer Sascha Rinaldi 2010/2011 in einem gemeinsamen Projekt verwendet. Er ist (noch) nicht im offiziellen UI/UX-Sprachgebrauch wiederzufinden.

2.2.3   Funktionsblockade mit Sticky Elements

Fixierte Elemente können in einigen Fällen die Funktionalität einer Seite blockieren, wenn wie im Beispiel Header und Footer auf einer Formular-Seite sticky sind. Im Hochformat wurde das fokussierte Inputfeld bei eingeblendeter Tastatur bereits teilweise vom halbtransparenten Footer überdeckt. Im Querformat belegen die fixierten Elemente schon ohne Tastatur ca. 40 % der verfügbaren Höhe. Sobald die Tastatur eingeblendet wird, schiebt sie den Footer auf Android-Geräten über den Header. Vom Formularfeld ist nicht mehr viel zu sehen, geschweige denn vom eingegebenen Text, wie Sie oben in Abb. 2.7 sehen können. Die Lösung des Problems ist einfach: Sobald ein Formularfeld den Fokus erhält, sollten Header und Footer nicht mehr sticky sein. Ein Skript kann hier Abhilfe leisten, dass die Fixierung der Elemente bei fokussiertem Eingabefeld deaktiviert, wie unten in Abb. 2.7 dargestellt.

Auf dem iPhone wurde die Fixierung der Elemente bei geöffneter Tastatur deaktiviert.

2.2.4   „Hamburger"-Menüs

Das „Hamburger"-Menü hat sich – nach anfänglichen Startschwierigkeiten in Usability-Tests – als Standard etabliert. Die drei waagerecht übereinanderliegenden Linien haben teilweise abgerundete Ecken. Der Name stammt von Versionen, bei denen nur die äußeren Ecken abgerundet wurden, wodurch sie dem Fastfood ähneln. Manchmal wird das Hamburger-Icon beim Öffnen so animiert, dass sich aus den beiden äußeren Linien ein X ergibt, über das man das geöffnete Menü wieder schließen kann.

Wichtiger als die Ausführung des Icons ist dessen Position und die Darstellung des geöffneten Menüs:

A) Es legt sich über die gesamte Seite und verdeckt den Inhalt komplett. Manchmal enthält es nur drei Menüpunkte, manchmal mehr, als in das Format passen. Vor allem im Querformat sollte getestet werden, ob sich das Menü scrollen lässt und alle Punkte zugänglich sind.

B) Es legt sich in seiner ganzen Länge von oben über den Seiteninhalt, wenn von diesem noch ein Teil sichtbar bleibt, wird er meist mit einem halbtransparenten Layer ausgegraut. Geschlossen wird es durch Klick auf den Layer oder ein Schließen-Icon.

Abb. 2.7   Oben: Im Hochformat fällt auf, dass der sticky Footer von der offenen Tastatur nach oben über das selektierte Inputfeld geschoben wird. Die sichtbare Fläche reicht jedoch, um das Formular soweit zu verschieben, dass es nutzbar bleibt. Im Querformat jedoch schiebt sich der sticky Footer auf Android über den sticky Header, sobald die Tastatur eingeblendet wird. Vom Inputfeld ist je nach Tastatur- und Bildschirmhöhe fast nichts mehr zu sehen. Unten: Wenn nicht auf den sticky Footer verzichtet werden kann, so sollte dieser ausgeblendet werden, sobald ein Inputfeld den Fokus erhält. Wenn das Menü auf jeden Fall stehen bleiben soll, lohnt es, nur das Menü, nicht den ganzen Header, stehen zu lassen

C) Es schiebt sich idealerweise von der Seite aus über den Inhalt, auf der das Menü-Icon platziert ist und sollte das Logo nicht überdecken. Bei diesem **„Off-Canvas-Menü"** wird der Inhalt manchmal aus dem sichtbaren Bereich herausgeschoben. Ein Beispiel sehen Sie in Abb. 2.9.
D) Das Menü funktioniert wie ein **Klappmenü** und schiebt sich auf ganzer Breite zwischen das Menü-Icon bzw. den Header und den Inhalt.

Mein Favorit ist Version D – der User kann einfach nach unten scrollen, um die aktuelle Seite zu sehen. Er kann sich den zusätzlichen Klick zum Schließen des Menüs sparen.

Von den vorgestellten Menüs sind besonders B, C und D geeignet, um Untermenüs in zusätzlichen Klappmenüs darzustellen. Sobald Klappmenüs vorhanden sind, kann ein Menü im Querformat nicht mehr zweispaltig werden. Die einzelnen Menüpunkte sollten nicht zentriert angeordnet werden, sondern linksbündig mit rechtsbündig ausgerichteten Pfeil-Indikatoren.

Eine weitere Implikation ergibt sich mit Klappmenüs: Google und die meisten Content Management-Systeme setzen voraus, dass es zu jeder Unterkategorie eine Startseite gibt. Um diese auch über das Menü zugänglich zu machen, können Sie auf zwei Arten vorgehen:

1. Sie trennen den Klappmenü-Öffner optisch vom Kategorie-Namen und verlinken beide Teile unterschiedlich – in dem Fall sollte Ihre Kategorie-Startseite Zugang zu allen Unterseiten bieten, für den Fall, dass der User den Pfeil übersieht.
2. Sie nutzen die ganze Zeile zum Öffnen des Klappmenüs und fügen einen Extra-Link „Übersicht" als Unterpunkt ein.

Innerhalb der Klappmenüs sollte der User diese wieder schließen können. Um zu verdeutlichen, dass es sich um Unterpunkte handelt, können die Einträge eingerückt oder farblich hinterlegt werden. Von einem Klappmenü im Klappmenü rate ich ab: Verlinken Sie lieber auf eine Übersichtsseite oder bilden die zweite Ebene direkt mit ab.

Vergessen Sie nicht die aktuell angezeigte Seite im Menü zu kennzeichnen – farblich, mit einem anderen Schriftschnitt oder einem anderen Indikator – und sei es durch Durchstreichen.

Hamburger-Menüs nicht zu früh auflösen

Sobald die Browserbreite ausreicht, um die Navigationspunkte nebeneinander darzustellen, sollten Sie dies tun, statt sie hinter einem Icon zu verstecken. Damit sparen Sie unnötige Klicks und bieten dem User eine einfachere Orientierung – wenn Sie die aktuelle Seite visuell auszeichnen. Bei mehrsprachigen Webseiten sollten Sie die längste Text-Version als Maßstab nutzen. Auf der Seite, die in Abb. 2.8 vorgestellt wird, wurde das Menü zu früh aufgelöst.

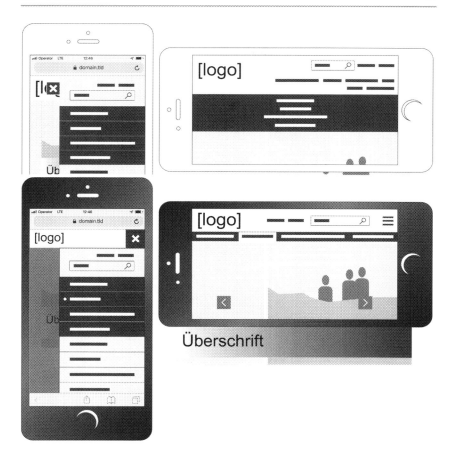

Abb. 2.8 Oben links: Das geöffnete Menü überdeckt das Logo ungünstig. Oben rechts: Die Links neben der Lupe sind Sprachwechsler, die anderen führen zu Informationsseiten, während die Links unterhalb des Headers die Möglichkeiten zeigen, wie der User die Organisation unterstützen kann. Header und Navigation nehmen im mobilen Querformat 60 % des Platzes ein – trotz zu geringen Zeilenabstandes. Eine Auszeichnung der aktuellen Seite gibt es nicht. Unten: mit wenigen Umstrukturierungen lässt sich die Usability der Navigation deutlich verbessern

Meine Tipps für ein gelungenes Hamburger-Menü

1. Verkünsteln Sie sich nicht! Ein gutes Menü lässt sich gut auffinden, gut öffnen, gut auswählen (Zeilenabstand für Touch-Displays mind. 40 Pixel!) und gut schließen.

2. Wenn Sie unterschiedliche Linkarten im Menü darstellen, z. B. die Legal-Links aus dem Footer wiederholen, stellen Sie diese auch unterschiedlich dar. Stellen Sie Kontext über Konsistenz. Wichtig ist vor allem die Übersichtlichkeit!

3. Bei der Menü-Wahl sollten Sie immer alle Elemente betrachten, die im Header platziert werden sollen: Warenkorb, Suche, Sprachwechsler, Login etc.

2.2.5   Kraut und Birnen – Navigation ohne Orientierung

Usability basiert (auch) auf der Erfüllung der Nutzer-Erwartungen. Wer nicht die Interaktion vorfindet, die er erwartet hat, findet sich nur schlecht zurecht. Darum ist es besser, sich auf wenige Interaktions-Patterns zu beschränken und diese durchzuhalten.

Abb. 2.9 zeigt, wie ungünstig es ist, Elemente gleich darzustellen, die unterschiedliche Verhalten hervorrufen. Die gleiche Seite war Vorlage für Abb. 2.10. Das mehrstufige Menü lässt hier eine klare Nutzerführung vermissen – ob eine weitere Navigationsebene, eine Unterseite oder gar eine Subdomain mit eigener Nutzerführung aufgerufen wird, findet der User nur durch ausprobieren heraus.

2.3   Der Inhaltsbereich

Webseiten leben von ihren Inhalten. Für Suchmaschinen, die durch geschicktes SEO (Search Engine Optimization) dazu gebracht werden eine Seite regelmäßig zu durchsuchen und die Inhalte als relevant einzustufen. Für User, die den Inhalt relevant und interessant finden müssen, damit sie wiederkommen, die Seite in sozialen Netzwerken teilen, sich anmelden oder etwas kaufen.

Neben gutem Text und guten Bildern ist auch eine gute Darstellung wichtig.

2.3.1   Der Satzspiegel – die Breite des Textblocks

Jedes Design-Projekt beginnt mit der Frage, wie viel der verfügbaren Breite für den Inhalt verwendet werden soll. Dabei sollte das Mittelmaß zwischen zu wenig

Abb. 2.9 Oben: Profil, Warenkorb, Kontakt und Suche nebeneinander – was kann daran schon verkehrt sein? In diesem Fall, dass die Links gleich aussehen, aber unterschiedlich auf die Interaktion reagieren. Login und Kontakt öffnen Bereiche, die den Rest der aktuellen Seite nach unten schieben; Warenkorb öffnet eine eigene Seite und die Suche einen Overlay, der die anderen Icons überdeckt. Unten: eine radikale Umsortierung, bei der Logo und Suche oben im Header bleiben und die anderen Elemente in eine Tab-Klapp-Navigation umgewandelt werden

und zu viel Abstand zum Rand gefunden werden. Viel Rand bedeutet kurze Zeilen, was bei größeren Schriften zu einem schlechten Zeilenfall bzw. bei aktivierter Silbentrennung zu vielen Trennstrichen führt. Wenig Rand bedeutet lange Zeilen, aber das Gefühl von Enge und ggf. dem Problem, dass Links am Rand der Seite schlecht geklickt werden können.

Abb. 2.10 Oben: Hinter dem Menü verbergen sich zunächst sieben textlich beschriebene Kategorien, die aussehen, als würden sie jeweils zu Kategorie-Startseiten verlinken. Der erste Link geht zurück auf die Startseite, die folgenden fünf führen zu mindestens einem weiteren Untermenü, manchmal zwei weiteren. Einen Indikator, ob ein Link auf ein Untermenü oder eine Contentseite führt, gibt es nicht. Der siebte Link führt auf eine Subdomain, von deren dritten Link aus es zurück zur Hauptseite geht. Unten: Es fehlt nicht viel, um die ursprüngliche Navigation mit ein paar Gestaltungselementen übersichtlicher zu machen: Pfeile, die anzeigen, hinter welchem Eintrag sich weitere Navigationspunkte verbergen, Erweiterung der Breadcrumbs, eigene Auszeichnung für den Link auf die Subdomain

In responsiven Projekten lautet die zweite Frage, wie sich die Abstände zum Rand verhalten sollen: innerhalb einer Gerätegruppe fest stehen (mein Favorit), oder die ganze Zeit mitwachsen? Oder gibt es (wirklich) triftige Gründe mit einem Set von festen Satzspiegelbreiten „adaptiv" zu arbeiten und den wachsenden Rand ungenutzt zu lassen?

Umbrüche in Überschriften und anderen Spezialfällen

Eine Überschrift leitet einen Text ein. Sie sollte nicht zu lang sein und sich deutlich vom Inhalt abgrenzen, aber nicht zu groß dargestellt werden. Vor allem sollten die Wörter nicht über den Rand des Bildschirmes hinausragen, wie es immer wieder zu sehen ist.

Um dies zu verhindern gibt es verschiedene Wege:

1. Technisch: Wenn im CSS für diese Elemente „hyphens: auto;" notiert wird, bricht der Text automatisch, aber von der Bedeutung her nicht immer sinnvoll, um.
2. Redaktionell: Mit der HTML-Entity „­" (einem so genannten „bedingten Trennstrich") an bestimmten Stellen im Wort kann ein sinnvoller Umbruch manuell erzeugt werden. Je nach CMS muss ggf. sichergestellt werden, dass dieses Sonderzeichen korrekt interpretiert und nicht 1:1 im Browser angezeigt wird.

Manchmal ist auch das Gegenteil der Fall und man möchte nicht, dass ein Umbruch zwischen zwei Wörtern erfolgt. Dann kommt entweder die HTML-Entity „ " (Non-Breaking-Space) zum Einsatz, oder aber das Unicode[5]-Zeichen „‑", das einen „Nicht-umbrechenden Bindestrich" erzeugt.

Ein weiterer Sonderfall ist der Einsatz von weichen Zeilenumbrüchen mit dem HTML-Tag <br/>, der mit einer CSS-Klasse versehen werden kann, die steuert, dass er nur bei bestimmten Bildschirmbreiten angezeigt wird – z. B.: <br class = "mobil-only" />. Abb. 2.11 zeigt einen Fall, in dem außerdem Wortteile ausgeblendet wurden, um die Navigation mobil anzupassen.

Meine Tipps zu Überschriften
Bringen Sie Designer, Entwickler und Redaktion zusammen, um zu entscheiden, ob alle, keine, oder ausgewählte Textabschnitte auf Ihrer Seite automatisch vom Browser umgebrochen oder bestimmte Regeln bei der Texterstellung beachtet werden sollen.

Schriftgrößen

Für Schriftgrößen gibt es keine Werte, die sich immer anwenden lassen, weil vor allem Schmuckschriften und digitale Schreibschriftarten bei gleicher Schriftgröße sehr unterschiedlich hoch ausfallen, unterschiedlich breit laufen und nicht alle

---

[5]https://unicode-table.com/de/.

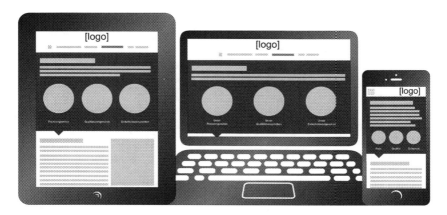

Abb. 2.11 Auf einer responsiven Webseite, an der ich mitgewirkt habe, haben wir die Begrifflichkeiten in der Navigation in der Länge an den verfügbaren Platz angepasst, statt die Links untereinander zu platzieren und dafür in Kauf zu nehmen, dass der optische Zusammenhalt mit dem Inhalt verloren geht

gleich gut lesbar sind. Gängige Fließtextschriften sollten im Bereich 1–1,2 rem[6] gut lesbar sein – vorausgesetzt die Meta-Angabe Viewport (vergl. Kap. 3) ist auf „width = device-width" gesetzt.

Mit der Schriftgrößeneinheit vw kann die Größe an die Browserbreite, mit vh an die Browserhöhe gekoppelt werden. Dies ist jedoch nur in wenigen Fällen sinnvoll und sollte immer nur in einem bestimmten Breakpoint-Bereich oder mit der Formel für Min- und Max-Größen[7] angewendet werden.

Meine Tipps zur Schriftgröße
1. Passen Sie besonders große Überschriften unbedingt mobil an! Es mag aus Gründen der Konsistenz falsch erscheinen, ist jedoch hinsichtlich der Medieneignung richtig. Auf Flyern verwenden Sie auch eine kleinere Schrift als auf dem dazugehörigen Plakat!
2. Geben Sie Schriftgrößen und Elementbreiten immer in rem. Dadurch ist sichergestellt, dass die Seite sich beim Skalieren im Browser optimal an den verfügbaren Platz anpasst und der User immer nur vertikal scrollen muss.

---

[6]rem ist eine Einheit, die sich proportional auf die Schriftgrößen-Einstellung im Browser bezieht.

[7]https://www.madebymike.com.au/writing/precise-control-responsive-typography/ stellt eine solche Formel vor.

Webfonts richtig einbinden

Ein wenig mehr Einfluss hat man inzwischen durch die Verwendung von Web-
fonts. Mit diesen ist es möglich, Text auch auf Geräten, welche die gewünschte
Schrift nicht im System haben, in der gewünschten Schrift anzuzeigen. Web-
fonts müssen in jedem Schriftschnitt, der angezeigt werden soll, geladen werden – vor allem für Bold und Kursiv. Wenn diese Schnitte nicht korrekt geladen
sind, erzeugt der Browser das, was als falsche Kursivschrift bzw. Faux Bold[8]
bezeichnet wird. Während Faux Bold bei manchen Schriften kaum zu erkennen
ist (Tipp: in der Druckvorschau sieht man es manches mal besser als in der
Browserdarstellung) kann man die falsche Kursivschrift am kleinen „a" gut
erkennen: Richtig ist die geschlossene Version ohne offenen Bogen.

Nach wie vor ist es wichtig eine Fallback-Schrift zu definieren, da z. B.
Chrome bei langsamen Internetverbindungen dazu übergegangen ist, Schriften nicht später, sondern gar nicht zu laden. Um Ladezeiten zu sparen, sollte die
Menge der Schriften nicht nur von vorneherein reduziert werden, sondern bei der
Einbindung auch darauf geachtet werden, dass die Schriften nur geladen werden,
wenn sie nicht im System oder im Cache vorhanden sind. Aktuelle Artikel dazu
lassen sich leicht ergoogeln.

2.3.2   Tabellen

Tabellen sind dafür gemacht, Daten übersichtlich darzustellen. Die Übersichtlichkeit leidet jedoch, sobald der benötigte Platz nicht mehr zur Verfügung steht.

Im responsiven Webdesign ändert sich die verfügbare Breite ständig. Schon
zweispaltige Tabellen können mobil ungünstig sein, wenn eine der Spalten län-
gere Begriffe oder Absätze enthält.

Werte vor Eigenschaften

Bei der Überlegung, in welcher Ausrichtung Inhalte in einer Tabelle dargestellt
werden sollen, kennen wir alle den Instinkt in der linken Spalte bzw. obersten
Zeile die Eigenschaften zu platzieren, in der rechten Spalte den Wert.

Von 15 verschiedenen Tabellenvorlagen (jede in sieben Farbversionen),
die meine Word-Version bietet heben alle den Text in der linken Spalte und der
obersten Zeile hervor: Wir sind es gewohnt, dass die Eigenschaft, nicht der Wert

---

[8]Wie das aussieht und in der Entwicklung verhindert werden kann, zeigt dieser Artikel auf
A List Apart: https://alistapart.com/article/say-no-to-faux-bold.

hervorgehoben wird. Da unser Auge jedoch nach hervorgehobenen Elementen besonders schaut, ist dies mitunter suboptimal!

Bei einer Nährwerttabelle mag es ok sein, nicht die Zahlen hervorzuheben, sondern die Nährwertbezeichnung, da der interessierte Leser dieser Informationen erst nach Zucker oder Fett suchen wird, um dann die dazugehörige Zahl zu suchen, die alleine, nur mit ihrer Einheit (Gramm oder Prozent) wenig aussagekräftig ist. Ein Beispiel dafür finden Sie in Abb. 2.12 im Beispiel oben links.

Wenn die Einheit jedoch einen Rückschluss auf die Eigenschaft zulässt, wie wir es bei Autos von den Quartettkarten her kennen, plädiere ich dafür, den Wert samt Einheit hervorzuheben und die Eigenschaft primär der Vollständigkeit halber, ggf. kleiner, mit anzuzeigen.

Es ist in diesem Fall nicht nötig, dass die typische Tabellenform beibehalten wird, zumal Einheit und Wert sehr unterschiedlich lang ausfallen können. Es genügt, wenn die Eigenschaft über dem Wert steht und der Wert leicht eingerückt wird, um den Zusammenhang mit der Eigenschaft zu verdeutlichen. Das Beispiel unten rechts in Abb. 2.12 zeigt dieses Prinzip.

Abb. 2.12 Links: Aus trockenen Daten kann schon mal ein Fließtext erzeugt werden – besonders dann, wenn das Thema als Tabelle zu trocken ist. Mitte: Mehrspaltige Tabellen können horizontal scrollbar eingebunden werden, besser wäre aber, die Tabelle zu drehen. Je nach Datenstruktur müssen dafür manchmal Werte aus verschiedenen Zeilen zusammengezogen werden. Rechts: Die Hervorhebung des Wertes statt der Eigenschaft sorgt dafür, dass die wirklich wichtige Information besser wahrgenommen wird

Gängige Notlösungen

Die eine, umfassende technische Lösung, die für alle Tabellen gleichermaßen funktioniert, gibt es nicht – es kommt immer auf Art und Inhalt, auch auf die Länge des Inhalts an, wie am besten mit einer Tabellendarstellung verfahren werden sollte.

Es gibt verschiedene Lösungsvorschläge von unterschiedlichen Entwicklerteams, wie mit größeren Tabellen mobil umgegangen werden kann:

A) Tabellen in ihrer Breite unverändert lassen und in einem Bereich darstellen, in dem der User von links nach rechts swipen kann. Der Vorteil: Es entsteht kein Zusatzaufwand. Der Nachteil: Je nach Tabellengröße und angezeigtem Ausschnitt gehen Zusammenhang und Übersichtlichkeit verloren.
B) Die Eigenschaften aus der Header-Zeile vor jedem Wert anzeigen – was aus jeder platzsparenden Zeile einen längeren Abschnitt macht. Wert und Eigenschaften können so einander zugeordnet werden, ein Vergleich der unterschiedlichen Werte in verschiedenen Zeilen ist nicht möglich.

Tabellen auflösen

Ob es überhaupt eine Tabelle sein muss hängt von der Art des Inhaltes ab. Es ist wenig attraktiv über einen potenziellen Flirtpartner Wohnort, Haar- und Augenfarbe, Größe und Gewicht, Sternzeichen etc. in trockener Tabellenform zu lesen. Persönlicher wird es, wenn aus den Werten ein Satz geformt wird: „Ich wohne in *Berlin,* habe *rote* Haare und *blaue* Augen. Ich bin *163 cm* groß und wiege *(*zensiert*)* Kilo." Mit etwas Logik können die entsprechenden Satzbausteine ausgeblendet werden, wenn einer der Werte nicht verfügbar ist. Wenn diese Werte hervorgehoben werden, kann eine solche Darstellung zweierlei: sympatisch und schnell erfassbar sein!

Mein Tipp für den Umgang mit Tabellen
Technisch lässt sich das Tabellen-Problem durchaus lösen! Je nach Datenstruktur leider eher manuell statt automatisiert. Statt dem HTML-Tag table (Tabelle) mit den Kindelementen tr („table row" – Tabellen-Zeile) und td („table data" – Tabellen-Inhalt) können div („division" – Bereiche einer Webseite) oder span (Abgrenzung – eine Möglichkeit, um z. B. einzelne Wörter auszuzeichnen) verwendet werden. Diese können per CSS die Darstellungsart display: table zugewiesen bekommen, um wie eine Tabelle angezeigt zu werden. Die Auslagerung der Tabellendarstellung in das CSS hat den Vorteil, dass die Daten je nach Browserbreite anders behandelt, z. B. umhergeschoben und anders ausgezeichnet werden können.

2.3.3   Formulare

Ein Formular kommt zum Einsatz, wenn Daten einzugeben oder Auswahlen zu treffen sind: Alles, was an Daten auf dem Server verarbeitet werden soll, muss über ein Formular übermittelt werden. Ohne Formulare könnten wir uns auf keiner Webseite anmelden, einloggen, suchen, bestellen, bezahlen, chatten, etc.

Online-Formulare haben das gleiche Problem wie Papier-Formulare, z. B. für die Steuer: es macht selten Spaß sie auszufüllen.

Die DSGVO hat mit der Maxime Datensparsamkeit hoffentlich dafür gesorgt, dass für die Bestellung einer Produktbroschüre keine vierseitigen Formulare mit Leadgenerierung mehr vorkommen, sondern nur noch die benötigten Daten abgefragt werden. Auch wenn in Messangern viel geschrieben wird: Formulare sollten optimal aufbereitet werden, damit sie nur wenig Zeit in Anspruch nehmen.

Aus gestalterischer Sicht gibt es ein weiteres Problem: die letzten unbeugsamen HTML-Elemente, die sich der Gestaltbarkeit durch CSS widersetzen sind Pulldowns – auf Smartphones:

*   Buttons lassen sich schon seit vielen Jahren stylen: Text, Breite, Outline und Hintergrund können unterschiedlich gestaltet werden!
*   Inputfelder können abgerundete Ecken, unterschiedliche Hintergrund- und Randfarbe haben, unterschiedlich je nachdem, ob sie Platzhaltertext, automatisch oder händisch eingegebenen Text enthalten oder der Wert des Feldes fehlerhaft ist.
*   Pulldown-Menüs können nur im geschlossenen Zustand beeinflusst werden. Die geöffnete Version unterliegt hingegen der Darstellungsversion des jeweiligen Browsers. Ein paar Versionen davon finden Sie in Abb. 1.8.

Formulare sind darüber hinaus besondere Hürden für die Barrierefreiheit. Da dieses Thema weit dickere Bücher als dieses *essential* füllen kann, sei nur so viel dazu gesagt:

1. Labels von Eingabefeldern müssen im Code als solche vermerkt sein, nicht nur als Text.
2. Die Reihenfolge der Felder sollte über den gezielten Einsatz von tabindex auch mit der Tastatur ansteuerbar sein.

Inputfelder ohne Input-Types? Niemals!

Im mobilen Buchungsportal einer Airline sollte ich eine nummerische Eingabe vornehmen. Das Inputfeld hat mir jedoch die normale Tastatur angezeigt. Ich musste manuell auf die Eingabemethode „Nummer" umschalten, um die Eingabe vornehmen zu können.

In der Studie von Facit Digital[9] zum Thema „Optimale Formulargestaltung für mobile Endgeräte" vom Juli 2012 wurde der automatische Wechsel zwischen den verschiedenen Tastaturlayouts – einige davon finden Sie in Abb. 2.13 – von den Nutzern begeistert gelobt. Inzwischen erwarten sie es. Ich dachte, das hätte sich rumgesprochen.

> **Meine Tipps für den Umgang mit Input-Types**
> Prüfen Sie für jedes Eingabefeld zwei Dinge:
>
> 1. benötigen Sie diese Information wirklich? Wenn es keine (rechtliche) Notwendigkeit gibt, können Sie auch einfach darauf verzichten. Ihre User werden es Ihnen danken.
> 2. Benötigt der Datensatz ein bestimmtes Datenformat, z. B. eine E-Mail-Adresse, eine URL oder eine (Telefon- bzw. Postleitzahl-)Nummer, die in jedem Fall nur mit Zahlen auskommt?
>
> Nutzen Sie die in HTML 5 zur Verfügung stehenden Input-Types. Das ist auf Entwicklerseite wenig Aufwand, der Ihren Nutzern zeigt, dass Sie mitgedacht haben, um ihnen das Leben leichter zu machen.

Pulldowns? Pull them down!

Über Pulldowns habe ich schon im Abschn. „… z. B. das Formular-Element des Pulldowns als Navigations-Element einsetzen" geschrieben, dass sie in der geschlossenen Version bedingt und in der offenen mobil nicht gestaltbar sind. Wann werden Pulldowns eingesetzt? Wenn der User eine von mehreren Optionen auswählen kann. „Drop Lists", bei denen der User mehr als eine Option auswählen kann funktionieren auf Smartphones überhaupt nicht. Die gleichen Funktionen, nämlich eine oder mehrere Optionen zu einem Thema auswählbar zu machen bieten auch die Formularelemente Checkboxes und Radiobuttons. Checkboxen sind die kleinen Quadrate, von denen mehrere aus einer Gruppe ausgewählt werden können, bei den runden Radiobuttons ist pro Gruppe immer

---

[9]http://www.facit-digital.com/studien/.

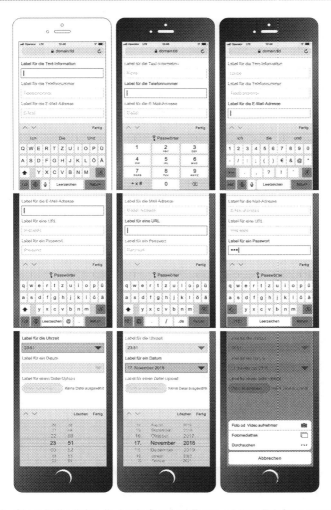

Abb. 2.13 Obere Reihe links: die Apple-Standard-Tastatur. Mitte: Telefonnummern-Layout der Apple-Standard-Tastatur. Rechts: Das Layout der nummerischen Tastatur. Mittlere Reihe links: das Layout für E-Mailadressen enthält das @-Zeichen und einen Punkt, jedoch keine Unter- oder Bindestriche. Mitte: im URL-Layout fehlt mir ebenfalls der Binde- und Unterstrich – auf die Topleveldomain „.de" hätte ich dagegen verzichtet. Rechts: Wenn ein Passwort eingegeben werden soll, kann die Voice-Eingabe nicht aktiviert und die Tastatur nicht gegen eine andere ausgetauscht werden. Untere Reihe links: Uhrzeit. Mitte: ein Datum auswählen. Rechts: Datei-Upload

nur eine Option wählbar. Erstere sind also multiple choice, letztere single choice. Eselsbrücke: ein Kreis lässt keine direkten Verbindungen zu, ein Quadrat kann nahtlos an ein anderes andocken. Auch wenn es geht: runden Sie Ecken bei Checkboxen nie so weit ab, dass daraus ein Kreis wird!

Auf genau diese Elemente kann man zurückgreifen, um Pulldowns zu vermeiden! Wenn es weniger als sieben Optionen zu einem Thema gibt, stelle ich diese in der Regel direkt dar – wie viel angenehmer das zu bedienen ist, können Sie in Abb. 2.14 nachvollziehen. Ab sieben Optionen wäge ich ab, die Optionen in einem Klappmenü unterzubringen, wenn es der Übersichtlichkeit des Formulars dient. Ein Vorteil von Pulldowns ist, dass die gewählte Option im

Abb. 2.14 Schon allein, dass die Optionen von Pulldownmenüs auf Smartphones nicht dort ausgewählt werden, wo das Pulldown geöffnet wird, spricht gegen diese Darstellung. Wesentlich schneller und direkter ist die Auswahl von Optionen, die als Radiobuttons dargestellt werden

geschlossenen Zustand angezeigt wird. Dies geht bei Klappmenüs nicht automatisch, kann jedoch entsprechend programmiert werden. Ein Vorteil davon ist,
dass der Name der Eigenschaft, die ausgewählt werden soll, ebenfalls angezeigt
und nicht durch den Wert ersetzt wird, wie in Abb. 2.15.

Abb. 2.15 Oben: Um ein bestimmtes Produkt auszuwählen, muss der User aus sieben verschiedenen Pulldowns die unterschiedlichsten Werte auswählen – also sieben Mal
aus der Seitendarstellung in die Pulldown-Darstellung wechseln. Positiv: die Summe
der Ergebnisse wird im Button angezeigt. Allerdings muss das Formular in der richtigen
Reihenfolge ausgefüllt werden, nur dann wird die Liste der Parameter im letzten Pulldown
so angepasst, dass es mindestens ein Ergebnis gibt. Unten: Übersichtlicher und schneller
lässt sich das Formular bedienen, wenn das obere Pulldown durch eine Buttonmatrix für
Klasse und Art sowie mit Schiebereglern mit festen Unterteilungen für die verschiedenen
Werte ersetzt wird. Das Hersteller-Pulldown lässt sich in ein Klappmenü umwandeln, das
so programmiert wird, dass es die ausgewählten Werte, oder aber deren Menge anzeigt

Nennen Sie bei beiden Lösungen die Eigenschaft und schreiben nicht nur „Alle" oder „Bitte wählen Sie" sondern z. B. „Alle Marken" oder „Bitte wählen Sie eine Marke" im geschlossenen Zustand.

Eine weitere Möglichkeit, Pulldowns aufzulösen, bieten Schieberegler. Sie können immer dann eingesetzt werden, wenn ein Wert aus einer nummerischen Range ausgewählt werden kann. Innerhalb dieser Range können die Schritte beliebig gesetzt werden.

Das erste Beispiel, dass ich hierzu gesehen habe, war die Preisrange bei Airbnb in der ersten mobilen Webversion. In Abb. 2.15 sehen Sie, wie eine Lösung mit Schiebereglern ein vorher sehr kryptisches Formular besser verständlich und bedienbar macht. Lediglich die Liste von >70 Herstellern lässt sich in diesem Fall am besten als Klappmenü darstellen. Da die Auswahl der anderen Optionen die Händlerliste jedoch stark einschränkt, würde ich das Klappmenü deaktivieren, wenn insgesamt nur noch fünf Produkte gefunden wurden. Das setzt voraus, dass der Hersteller in der Ergebnisliste aufgeführt wird.

Meine Tipps für den Umgang mit Pulldowns und Drop Lists
Lösen Sie Pulldowns und Drop Listen auf!

1. nutzen Sie bei weniger als sieben Optionen Radiobuttons bzw. Checkboxen
2. ziehen Sie Klappmenüs für mehr als sieben Optionen in Erwägung
3. nutzen Sie Schieberegler, wenn Sie nummerische Werte innerhalb einer bestimmten Range auswählbar machen müssen
4. lassen Sie Datumszahlen, vor allem das Jahr, in ein Inputfeld eintragen – vor allem ältere Semester werden es Ihnen danken …

2.3.4 Klappmenüs

Klappmenüs sind eine gute Möglichkeit, um Navigationselemente, weiterführende Inhalte oder Informationen – die gut zugänglich sein sollen, ohne permanent Platz zu verbrauchen – einzubinden. Im Inhalt einer Seite würde ich Klappmenüs immer Tabs vorziehen, da diese besser für unterschiedlich lange Inhaltsblöcke geeignet sind. Ein Klappmenü sollte immer deutlich als solches erkennbar und über den gleichen Link auf- und zuklappbar sein. Außerdem sollte am Ende des Inhalts ein Link zum Schließen platziert werden.

Anfangs habe ich bei jedem Projekt neu überlegt, wie ich den geschlossenen bzw. offenen Status anzeige. Die nachfolgend beschriebenen Varianten können Sie in Abb. 2.16 auf sich wirken lassen.

Abb. 2.16 Links: Die Pfeile nach rechts symbolisieren eher, dass eine neue Seite denn ein neuer Seitenbereich geöffnet wird. Mitte: Pfeile nach links am rechten Rand für den geschlossenen, Pfeil nach unten für den geöffneten Zustand mit Pfeil nach oben unterhalb des Inhalts. Rechts: Plus zum Öffnen und Minus zum Schließen mit einem Kreuz (könnte auch statt des Minus verwendet werden) unterhalb des Inhalts. Welche Version ist Ihr Favorit?

- Eine Möglichkeit ist der Einsatz von Plus [+] und Minus [−]. Auf dem geschlossenen Klappmenü Plus, um anzuzeigen, dass mehr Inhalt geöffnet werden kann, Minus auf dem Balken des geöffneten Klappmenüs, um zu zeigen, dass der Inhalt minimiert wird.
- Ich bevorzuge Pfeile bzw. Dreiecke, die am rechten Ende der Klappmenü-Zeile platziert werden und im geschlossenen Zustand nach links [<] zeigen. Im geöffneten Zustand lasse ich die Pfeile nach unten zeigen [v], um auf den nun sichtbaren Inhalt zu verweisen.
- Es ist jedoch auch das Gegenteil möglich: den Pfeil nach oben zeigen lassen, um anzudeuten, dass ein Klick den Inhalt wieder hochschiebt. Diesen würde ich eher am unteren Ende des geöffneten Klappmenüs platzieren. Häufig setze ich an dieser Stelle jedoch einfach ein x ein.
- Rechts platzierte Pfeile, die nach rechts deuten [>], bringe ich nach wie vor mit dem ersten Menü des iPhones in Verbindung, bei dem sich die komplette Seite beim Klick von rechts in den sichtbaren Bereich geschoben und die vorherige Seite nach links verdrängt hat.

Technisch gibt es verschiedene Möglichkeiten, um Klappmenüs zu ermöglichen. Bei den Webseiten, die ich selbst umgesetzt habe nutze ich den CSS-Selektor „target:not". Das funktioniert so, dass Inhalt zunächst ausgeblendet wird, bis er das Ziel eines Links ist. Vom geschlossenen Klappmenü aus muss ich also nur den Inhalt verlinken und ihn zum Ziel des Links machen. Sobald er es ist, wird er angezeigt. Um ihn wieder zu verbergen, muss ich nur einen Schließen-Link anbieten, der ein anderes Link-Ziel hat. Der Vor- oder Nachteil (je nach Projekt und Inhalt) ist, dass immer nur ein Klappmenü geöffnet sein kann und die Seite immer so gescrollt wird, dass der Punkt, der den Fokus erhält zum oberen Rand des Browserfensters verschoben wird.

Eine andere Möglichkeit ist, JavaScript einzusetzen und die Anzeige des Inhalts darüber zu kontrollieren. Der Mechanismus, der hierfür genutzt wird ist DOM-Manipulation, ein Eingriff in die HTML-Struktur, über den Elemente dynamisch hinzugefügt, verschoben oder gelöscht werden können.

Meine Tipps für den Einsatz von Klappmenüs

1. Machen Sie so deutlich, dass es sich um ein Klappmenü und nicht um einen Link auf eine neue Seite handelt.
2. Vergessen sie nicht einen Link zum Schließen am Ende des Inhaltes zu platzieren.
3. Beziehen Sie die Frage, ob nur eines oder mehrere Klappmenüs gleichzeitig offen sein sollen mit in die Wahl der Technik ein.
4. Nutzen Sie eine Lösung, die sich an die Länge des Inhaltes anpasst und gescrollt werden kann.
5. Ein Klappmenü sollte seinen Inhalt immer zwischen den anderen Seiteninhalten öffnen, nicht darüber – was genau genommen ein Overlay wäre.

2.3.5 Reiter/Tabs

Als Reiter (englisch „Tabs") bezeichnet man nebeneinander angeordnete Links, die optisch voneinander getrennt sind und bei denen der Link, dessen Inhalt aktuell angezeigt wird, sich von den anderen Links so abhebt, dass er als dem Inhalt zugehörig erkannt wird. Die Metapher dazu basiert auf Karteikartenreitern, wie sie in analogen Bibliotheksverzeichnissen zum Einsatz kamen.

Reiter können als globale Navigation eingesetzt werden, was jedoch meistens auf großen Bildschirmen zum Einsatz kommt, auf Smartphones werden sie häufiger in ein Menü (vgl. Abschn. 2.2.4) umgewandelt. Ein Vorteil von gut eingesetzten Tabs ist, dass auch ohne extra Überschrift immer erkennbar ist, zu welcher Kategorie die Inhalte gehören.

Manchmal findet man Tabs auch im Inhalt einer Seite, etwa, um zwischen verschiedenen Informationsarten eines Produktes hin und her zu wechseln. In beiden Fällen sollte man überlegen, sie am Ende der Seite bzw. des Inhalts zu wiederholen, damit der User nicht wieder hochscrollen muss, um weiterzulesen bzw. zu navigieren. Auf Touch-Geräten kann ergänzend auch durch Swipen zwischen den Reitern gewechselt werden, wenn die Seite bzw. das Modul entsprechend programmiert wurde.

Die erste Webseite, die auf eine Reiter-Navigation gesetzt hat, war Amazon – als noch alle Produkt-Kategorien nebeneinander gepasst haben. Inzwischen stehen an dieser Stelle Links zu unterschiedlichen Bereichen, die nicht mehr als Reiternavigation gestaltet sind, sich jedoch teilweise so verhalten.

Auf Smartphones ist die maximale Menge an Tabs begrenzt. Durch eine maximale Zeichenanzahl in lesbarer Schriftgröße, bzw. beim Einsatz von Icons durch die Mindestgröße, die benötigt wird, um mit dem Finger navigieren zu können (eine Fläche von 40*40 Pixeln hat sich hierfür als Mindestgröße etabliert). Mehr als fünf bis sechs Tabs sind im Hochformat unrealistisch!

Denkbar ungünstig ist, wenn Tabs untereinander rutschen. Dadurch leidet die Zuordnung des Inhalts zum ausgewählten Tab und das Prinzip wird ad absurdum geführt. Microsoft zeigt in den Einstellungen der verschiedenen Windows-Versionen wie verwirrend eine Umsortierung in einem Block von Tabs ist, die neben- und übereinander liegen.

Eine Reiternavigation kann unterschiedliche Seiten öffnen wie in Abb. 2.8, oder Klappmenüs, wie in Abb. 2.9 gezeigt.

Meine Tipps zum Einsatz von Reitern
Erwägen Sie den Einsatz einer Reiternavigation vor allem bei wenigen Kategorien mit kurzen Labels. Tabs können eine sinnvolle Alternative zu einem Burger-Menü sein.
   Stellen Sie sicher, dass alle Tabs immer nebeneinander passen. Wenn nötig mit einer Icon-Text-Kombination oder auf zwei Zeilen umgebrochenen Labels – wenn alle Labels zweizeilig werden können.

2.3.6 Bilder auf Smartphones

Bilder können angeblich mehr sagen als 1000 Worte. Im mobilen Web führen Bilder jedoch gerne dazu, dass sie das auch müssen, da vor lauter Bild keine

Worte zu sehen sind. Ob das Bild in Zeiten der Stockfotografie immer zu 100 % die richtige Aussage hat, wage ich zu bezweifeln. Ein Beispiel dafür kennen Sie bereits aus Abb. 2.2.

Bilder auf Smartphones braucht kein Mensch?

Ist der totale Verzicht auf Stimmungsbilder im mobilen Web sinnvoll? Sicherlich nicht!

Ein Netz hat (Funk-)Löcher und es ist immer noch schwierig auf die vorhandene Ladegeschwindigkeit zu reagieren. Aber deswegen müssen Sie nicht komplett auf Bilder verzichten! Ganze Geschäftskonzepte erfolgreicher mobiler Apps basieren einzig auf der Anzeige von Bildern auf Smartphones. Auch die zunehmende Mobile-only-Nutzung des Internets im Consumer-Bereich spricht dagegen Bilder nur auf großen Bildschirmen anzuzeigen.

Welches Bildformat ist das richtige?

Im mobilen Web ist grundsätzlich das querformatige Bild einem hochformatigen vorzuziehen. Aber wie immer kommt es darauf an.

„Hero-Images" (engl. Helden-Bilder) werden mobil gerne über die gesamte Breite und Höhe eingesetzt, auf allen anderen Bildschirmen auch. Auf Smartphones und Tablets müssen sie dann nicht nur im Querformat (wird häufig vergessen anzupassen), sondern auch im Hochformat das Motiv optimal anzeigen. Ein geeignetes Motiv muss also genügend „Futter" bzw. „Canvas" drum herum haben und sollte wenn nötig auf den verschiedenen Breiten unterschiedlich im Format platziert werden können.

Inhaltsbilder im Querformat (16:9) können mobil über 100 % der Breite oder des Satzspiegels dargestellt werden. Schon Bilder im Format 4:3 oder quadratische Bilder würden nur im Hochformat auf eine Screenhöhe passen und sollten im Querformat auf 75 % der Breite reduziert werden. Wenn sie in 50 % dargestellt werden, kann Text daneben angezeigt werden, wie in Abb. 2.17 zu sehen.

Bilder im Hochformat, wie sie etwa in der Modefotografie üblich sind, müssten in 100 % der Breite im mobilen Querformat über mehrere Bildschirmhöhen gescrollt werden. Hier würde ich es bevorzugen lieber drei bis vier der Motive nebeneinander zu platzieren und bei Bedarf eine vergrößerte Darstellung zu verlinken.

Bild-Text-Kombinationen

Bilder können entweder allgemeingültig genutzt werden, um einen Text aufzulockern, oder sie werden einem bestimmten Inhalt zugeordnet. In dem Fall sollte die Zuordnung anhand der Positionierung zueinander dargestellt werden, oder,

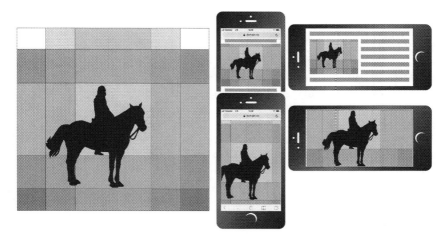

Abb. 2.17 Links: Bei jedem Motiv sollten Sie genügend „Futter" bzw. „Canvas" drum
herum haben, damit Sie immer den Ausschnitt passend zum Format wählen können. Oben
rechts: Ein Bild im Format 4:3 passt im Hochformat wunderbar über die komplette Breite
und lässt sich im Querformat gut auf 50 % Breite mit Text daneben darstellen. Unten rechts:
Beispiel, wie das Hero-Image-Motiv in den unterschiedlichen Formaten platziert werden kann

wenn dies nicht möglich ist, mit visuellen und ggf. klickbaren Verweisen auf-
einander dargestellt werden.

Bildunterschriften sollten – wie der Begriff schon sagt – unterhalb eines Bildes angezeigt werden und nicht über dessen Seiten herausragen. Vor allem, wenn
ein Bild im Querformat nur über die Hälfte der Bildschirmbreite dargestellt wird,
kann überlegt werden, den dazu gehörigen Text neben dem Bild zu platzieren.
Damit dies nicht von Fall zu Fall unterschiedlich aussieht, sollten alle Bildunterschriften eine minimale und maximale Länge haben und der Zusammenhang zwischen Bild und Text sollte durch eine optische Klammer visualisiert werden.

Mehrere Bilder nebeneinander, die auf breiten Bildschirmen auf mehr oder
weniger erkennbaren Kacheln über einem kurzen Text stehen, rutschen mobil
zwangsweise untereinander. In dem Fall sollte der Bezug eines Bildes zu einem
Text durch unterschiedlich große Abstände klar visualisiert werden.

Wenn es sich um Icon-Text-Kombinationen handelt, wägen Sie ab, ob das Icon
wirklich über dem Text in voller Breite stehen muss, oder ob es nicht besser ist,
wenn das Icon auf ca. 30–50 % der Breite reduziert wird und der Text daneben platziert werden kann. Speziell wenn Ihre Seite mit Twitters Prototypen-Framework
Bootstrap aufgesetzt wurde, müssten Sie an dieser Stelle in den Standard eingreifen.

Ein kleiner Mehraufwand, der sich lohnt, wie Sie in Abb. 2.18 sehen können wenn Sie die obere und mittlere Darstellung vergleichen. Im Falle einer Produktliste in Kombination mit Bezeichner und Preis habe ich für eine Webseite die Uhren verkauft, eine Variante gewählt, bei der die Fakten im Hochformat über und unter dem Produktbild stehen, im Querformat daneben. In Abb. 2.18 unten sehen Sie, dass dadurch Bild und Information immer auf einer Screenhöhe sichtbar sind.

Auf das Bild gerenderter Text

Eine große Agentur nutzte bis zum Sommer 2018 auf der Startseite eine Galerie mit kurzen Texten auf den Bildern. Grundsätzlich kein Problem – wenn der Text nicht im Bild integriert gewesen wäre. Mobil wurde die Schrift durch die Skalierung unlesbar klein dargestellt. Zusätzlich wurden Teile von Bild und Text noch von den Pfeilen zur Galerie-Navigation überdeckt. Wie viel besser es (nicht nur für SEO) ist den Text stattdessen mit visuellem Bezug zueinander, aber unterhalb des Bildes darzustellen sehen Sie in Abb. 2.19.

Text-Overlays auf Bildern

Einen Text in einem Overlay über dem Bild anzuzeigen ist besser, als ihn auf das Bild zu rendern, wie in Abb. 2.20 dargestellt. In der Konzeptions- und Gestaltungsphase muss dabei berücksichtigt werden, ob es sich um Bilder und Texte handelt, die ausgetauscht werden sollen, oder ob mit fixem Bildmaterial und unveränderbaren Textlängen gearbeitet werden kann. Wie jedes System, das sich jemand ausdenkt, funktioniert es nur so lange, wie diejenigen, die damit arbeiten müssen es anwenden können bzw. solange es alle Anforderungen abdeckt.

Ich habe gelernt mit solchen Elementen sehr behutsam umzugehen: Ein Overlay platziere ich meist im unteren Drittel des Bildes, sehe mehrere Zeilen Text vor und arbeite mit halbtransparenten Farbflächen, auf denen die Schriftfarbe auch dann noch lesbar ist, wenn das Bild im Hintergrund der Schriftfarbe zu nahe kommt.

Mein Tipp für Bild-Text-Kombinationen

Trennen Sie Bild und Text! Ein Text, der aus gerenderten Pixeln besteht, wird nicht nur unlesbar, wenn das Bild verkleinert wird, er ist auch für SEO verloren. Natürlich könnten Sie ihn an anderer Stelle im HTML integrieren, er wird aber als weniger relevant bewertet, wenn er als Hilfstext und nicht als Inhalt integriert wird. Es ist immer besser, den Text im HTML zu setzen und mithilfe von CSS in die richtige Darstellung und an die richtige Position zu bringen. Dann kann er auch mit Media Queries je nach Fensterbreite unterschiedlich dargestellt werden.

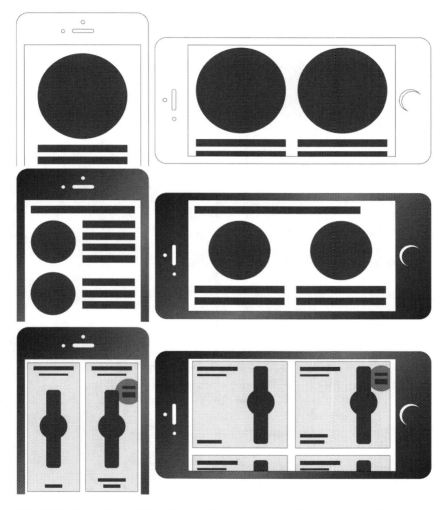

Abb. 2.18 Oben: Die beliebte Kombination von Icons mit Texten, um z. B. Funktionen von einem Produkt zu illustrieren, wird mobil häufig so groß dargestellt, dass Bild und Text nicht sinnvoll zusammen zu sehen sind. Mitte: Ein gutes Icon ist auch in einer so kleinen Version erkennbar, dass der Text daneben passt. Unten: Bild-/Text-Kombination im Hoch- und Querformat an den verfügbaren Platz angepasst

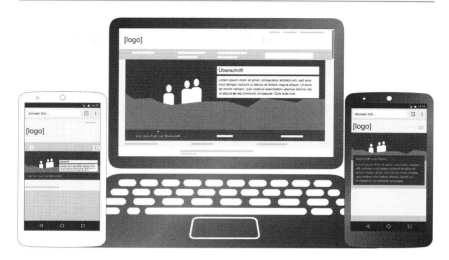

Abb. 2.19   Mitte: In der Desktop-Darstellung fällt nicht auf, dass der Text Teil der Bitmapdatei ist. Links: Auf dem Smartphone wird es durch die Skalierung des Textes sichtbar. Rechts: Der Text ist besser lesbar, wenn er mobil unterhalb des Bildes angezeigt wird. Der Bildausschnitt sollte ebenfalls an das verfügbare Format angepasst werden

Wie man eine Galerie versaut

Wie soll man mit unterschiedlich breiten Bildern bzw. Teasern umgehen, die man in einer Galerie zusammenfassen will?

Die schlechte Lösung: Man zentriert die Bilder in der Mitte des Bildschirmes. Dass dabei rechts und links vom aktuellen Motiv die beiden Nachbarbilder zu sehen sind, wäre soweit verschmerzbar, wie Sie in Abb. 2.21 sehen können. Auf großen Displays hat diese Darstellung einen großen Vorteil: sie lässt sich gut in der Größe nach oben skalieren. Die üblichen Fragen entfallen: Soll das Hero-Image eine Maximale Breite haben, oder bis zum Rand mitskalieren? Was ist dann mit der Höhe? Welchen Ausschnitt sieht man vom Bild in diesem extremen Format noch? Reicht die Auflösung des Bildmaterials? Theoretisch löst dieser Ansatz gestalterische Probleme, zumindest in einem gewissen Größenbereich.

Mobil taucht in diesem Fall das Problem auf, dass nicht sichergestellt wurde, dass die Bilder im Querformat nicht über die Bildschirmbreite hinausragen. Auf einigen Bildschirmen zusätzlich über die verfügbare Bildschirmhöhe. Für das mobile Hochformat wurden alle Bilder inkl. der gerenderte Text auf die gleiche Breite gebracht. Die gewählte Breite von 300 Pixeln führt jedoch dazu, dass auch

Abb. 2.20 Oben links: Bei dem gezeigten Beispiel liegt der Overlay nicht nur ungünstig auf dem Bild, er dupliziert auch die Funktionalität des Sprachwechslers und ist damit redundant. Unten links: Hier hilft es, den ersten Sprachwechsler einfach gestalterisch besser hervorzuheben. Oben rechts: ein typisches Beispiel, was passieren kann, wenn im Design nicht mit realen Bildbeispielen gearbeitet wird. Wenn Bilder z. B. redaktionell ausgetauscht werden können, empfiehlt es sich wie unten rechts Elemente nicht in der Mitte über dem Bild zu platzieren

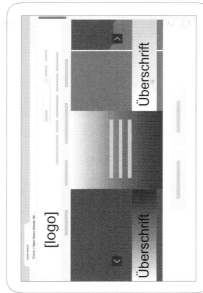

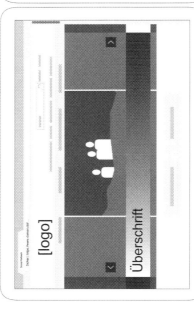

Abb. 2.21 Auf Laptop-Bildschirmen, auf denen mit der Maus navigiert wird, indem auf die Pfeile geklickt wird, funktioniert eine Galerie mit unterschiedlich breiten Elementen

auf den gängigen Bildschirmbreiten von mindestens 320 Pixeln rechts und links das nächste Bild sichtbar ist. Vermutlich wurde diese Darstellung aus falsch verstandener (weil nicht medien-Adäquater) Konsistenz gewählt. Oder aber, um mit den unterschiedlichen Breiten im mobilen Hochformat möglichst wenig Scherereien zu haben. Der Vorteil ist, dass sich durch den Anschnitt der Bilder rechts und links erahnen lässt, dass es sich um eine Galerie handelt, durch die man sliden kann. Dies wird außerdem bis zu einer Breite von 639 Pixeln durch Kreisindikatoren unterhalb der Galerie verdeutlicht, die die Anzahl der Bilder sowie die Lage der aktuellen Ansicht innerhalb der Galerie anzeigen. Leider fehlt ein optischer Bezug zwischen den Punkten und der Galerie.

Bei Bildschirmbreiten von mehr als 640 Pixeln werden die Kreisindikatoren gegen Pfeil-Overlays ausgetauscht. Beim Klick auf einen der Pfeile wird nicht nur die Galerie weitergeschoben, sondern auch ein Sprung zum Seitenanfang veranlasst, sodass der User erst wieder runterscrollen muss, bevor er das nächste Motiv sehen kann.

Der größte Fehler aber, der bei dieser Galerie gemacht wurde, ist, dass sie unter einer Breite von 640 Pixeln nur durch Swipen mit dem Finger auf einem Toch-Display, nicht aber mit der Maus bedient werden kann – auch nicht durch Klick auf die Kreisindikatoren. Ab einer Breite von 640 Pixeln wiederum kann auch auf Touch-Displays nicht durch Swipen, sondern nur durch klicken auf die Pfeile navigiert werden.

Die Wahl des Breakpoints bzw. die Kombination daraus, dass sich die Galerie nicht responsiv an den verfügbaren Platz anpasst, führt unglücklicher Weise dazu, dass das mobile Querformat auf unterschiedlichen Geräten unterschiedlich dargestellt wird. Auf einem Gerät, dass im Querformat weniger als 640 Pixel hat, wird die Galerie in der gleichen Ansicht wie im mobilen Hochformat angezeigt, mit 50 % Preview auf die Motive rechts und links. Über 640 Pixeln ist die Galerie-Darstellung zwar besser, dafür wird bei dieser Seite das Hauptmenü nicht mehr eingeklappt und die Galerie ist nicht für die verfügbare Bildschirmhöhe bzw. Navigationsart geeignet. Den Unterschied, den es ausmacht die Galerie an die verfügbare Breite anzupassen können Sie in Abb. 2.22 nachvollziehen.

Meine Checkliste für eine gut nutzbare Galerie
Wenn Sie möglichst viele der folgenden Fragen mit „ja" beantworten können, ist Ihre Galerie womöglich richtig gut gelungen!

1. Ist erkennbar, dass es sich um eine Galerie handelt?
2. Sind Bild- und Textelemente, die zusammengehören, auch optisch zusammengehörig?

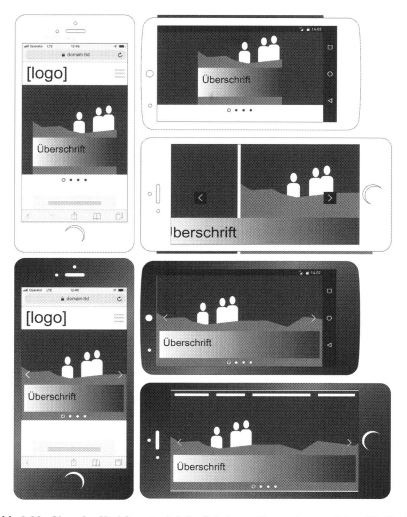

Abb. 2.22   Oben: Im Hochformat wird die Galerie nur über swipen navigiert. Die Position innerhalb der Galerie wird durch die Punkt-Indikatoren unterhalb angezeigt. Im Querformat ist die Darstellung je nach Displaybreite unterschiedlich – ab 640 Pixeln wird auf die Navigation per Klick umgestellt und die Indikatoren verschwinden. Unten: Besser ist die Nutzung einer einheitlichen, bildschirmfüllenden Breite und die Kombination von Swipe- und Klicknavigation. Die Indikatoren zur Position beziehen sich deutlicher auf die Galerie, wenn sie mit auf der Bildfläche angezeigt werden

3. Passen Bild- und Textelemente, die zusammengehören, auch gleichzeitig in den sichtbaren Bereich? Auch im Querformat?
4. Ist ersichtlich, wie viele Elemente in der Galerie sind bzw. wann es wieder von vorne los geht?
5. Nutzen Sie ab sieben Elementen einen nummerischen Indikator, statt Kreisindikatoren?
6. Ist die Galerie ein fortlaufendes Karussell, das nicht „zurückgespult" werden muss?
7. Ist die Galerie-Navigation an die Interaktionsmöglichkeit (Maus oder Touch) des Users geknüpft statt an die Bildschirmbreite?
8. Lässt sich die Galerie mit dem Finger und der Maus bedienen?

2.3.7 Videos responsive einbinden

Videos sind datenintensiv. Je länger ein Film und je größer die Darstellung, umso größer die Datenmenge. Damit Sie keine unnötige Energie in die Erzeugung von unterschiedlichen Auflösungen und Datenformaten stecken, empfehle ich, auf Dienste zurückzugreifen, die sich auf Videos spezialisiert haben: Youtube oder Vimeo. Welchen dieser Dienste Sie nehmen, hängt von Ihrer Strategie, der Urheberschaft der Videos (bei Vimeo muss sie bei Ihnen liegen) und den Anforderungen an Zugangskontrolle und Darstellungsoptionen ab.

Eingebunden werden Videos in beiden Fällen mithilfe von iFrames. Diese Technik stammt aus den Anfangsjahren von HTML und hat einen Nachteil: Breite und Höhe können proportional an die Breite des umgebenden Elternelements angepasst werden, jedoch nicht proportional zueinander.

Wenn Videos direkt in der Seite abgespielt werden sollen, gibt es einen CSS-Kniff, über den der Platz für das Video proportional mitskaliert wird: mithilfe von einem Element, das keine Höhe, jedoch ein Padding nach unten hat, das sich proportional zur Breite verhält. In diesem Element wird dann der iFrame mit Höhe und Breite 100 % eingebunden. Beachten Sie dabei das Seitenformat des Videos!

2.3.8 Contiguous Navigation

Diese Navigationsart habe ich bereits im Abschn. 2.2.2 erwähnt. Die Contiguous (engl. „zusammenhängende") Navigation listet am Ende einer Seite Links zu passenden Inhalten auf. Je nach Konzept der Seite können diese Links mit Vorschaubildern der Zielseiten aufgewertet werden, wie in Abb. 2.23 illustriert.

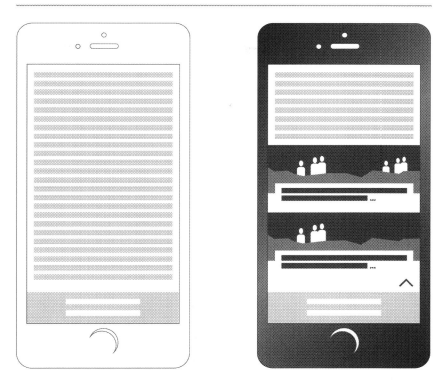

Abb. 2.23 Links: Ein Artikel, an dessen Ende es nicht weitergeht. Nur über die Browser-funktion zurück zur Übersicht ermöglicht sich ein Zugang zu anderen Artikeln. Rechts: Previews von weiteren Artikeln. Je nach Konzept zu ähnlichen oder anderen Themen

2.4   Der Footer

Der Footer bildet den Abschluss jeder Seite. Er ist keine Pflicht, es hat sich aber schon länger durchgesetzt am Ende der Seite globale Informationen bereitzu-halten, deren Präsenz für die Nutzung oder SEO sinnvoll oder rechtlich nötig sind, z. B. Links auf Impressum, Datenschutzerklärung.

2.4.1   Vor dem Footer: Der Link nach oben

Wenn der Footer nicht bereits eine Wiederholung der (Tab-)Navigation oder eine Sitemap mit Links auf die (wichtigsten) Unterseiten enthält, empfehle ich einen Anker-Link, über den der User zum Anfang der Seite gelangt, zwischen Inhalt und Footer zu platzieren.

Solche Links werden gelegentlich auch als Sticky Element ab dem ersten Scrollen unten rechts als Overlay angezeigt. Wenn Sie diese verwenden, sollten Sie in Erwägung ziehen, ein Script einzusetzen, dass diesen nur oberhalb des Footers fixiert, sich aber dann an der erwähnten Position zwischen Inhalt und Footer festsetzt.

Auf iOS wird der Link nach oben theoretisch nicht benötigt, da die Funktion durch eine Berührung der Statusbar ausgelöst werden kann. Praktisch ist dieses Feature nicht allen Nutzern bekannt.

2.4.2   Social Media Icons

Social-Media-Buttons sind ein beliebtes Instrument, um mehr Aufmerksamkeit und User auf eine Webseite zu ziehen. Leider haben Twitter, Facebook und Co. vergessen von Anfang an unterschiedliche, neutrale Icons für die beiden wichtigsten, grundlegend unterschiedlichen Link-Arten vorzugeben: dem **Teilen** eines Links oder Bildes und dem **Folgen** einer Präsenz im Netzwerk.

Wenn sich das Design der Icons immer an die Regeln der jeweiligen Logo-Styleguides halten würde bestünde die „Gefahr", dass sich die anderen Farben auf der Seite mit mindestens einer Social-Media-Farbe „beißen" würden. Eine Zeit lang habe ich versucht den Unterschied zwischen Teilen und Folgen mit im Icon unterzubringen, indem ich zusätzliche „Add-On"-Icons in Form eines Lautsprechers bzw. Häuschens hinzugefügt habe. Inzwischen löse ich dies lieber über die Position der Icons und einem kurzen Text, z. B. „Folgen Sie uns!" oder „Hier können Sie diese Seite teilen".

Ein Vorteil davon, dass ich dieses Buch erst 2019 finalisiere, ist, dass die sozialen Netzwerke inzwischen mobil nicht mehr nur auf Apps setzen, sondern ihre Webseiten inzwischen ohne Subdomain im mobilen Browser anbieten. Dass früher unterschiedliche URLs für große und kleine Bildschirmbreiten verwendet werden mussten ist inzwischen obsolet.

Häufig sieht man auf einer Seite die Social-Media-Icons vor dem Inhalt – manchmal zwischen App-Store-Link, Cookie-Notiz, Newsletter-Overlay und

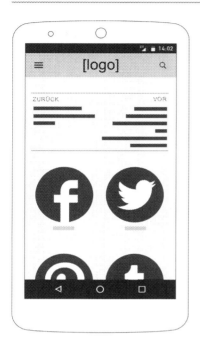

Abb. 2.24 Links: Diese Social-Media-Buttons sind definitiv zu groß. Rechts: Da es nur vier Buttons sind, ist anzuraten sie so klein darzustellen, dass sie nebeneinander passen, jedoch eine Mindestgröße von 40 mal 40 Pixeln nicht unterschreiten

Werbebanner platziert. Ich habe sie bewußt im Kapitel „Footer" einsortiert, da ich dafür plädiere, Share-Buttons immer am Ende des Inhalts zu platzieren! Wie soll denn der User wissen, ob er den Seiteninhalt teilen will, bevor er ihn gelesen hat?

Eine Besonderheit stellen Seiten mit paginierten Inhalten dar, also Artikel und Texte, die sich über mehrere Seiten erstrecken. Hier sollten die Share-Buttons immer die erste Seite des Artikels verlinken, egal von welcher Seite aus die Teilen-Buttons geklickt wurden.

Des Weiteren gelten natürlich die normalen Regeln zu Größe und Abstand von klickbaren Elementen zueinander. Diese sehen Sie in Abb. 2.24 dargestellt.

Meine Tipps zu Social-Media-Link-Integration auf responsiven Webseiten
1. Vergessen Sie die vorgefertigten Buttons und iFrame-Elemente von Facebook und Co.
2. Nutzen Sie die Share-Links und Links auf Ihre Präsenzen.
3. Wählen Sie die Menge der unterstützten Netzwerke weise – Sie sollten sie auch mit Inhalten bespielen können.
4. Lesen Sie mehr über die strategischen und inhaltlichen Empfehlungen zum Umgang mit sozialen Netzwerken auf Smartphones im Springer *essential* „Social goes Mobile", 2017, herausgegeben von Heike Scholz. In meinem Beitrag „Inhalte auf Mobiltelefonen – klein dargestellt, großartig aufbereitet" gehe ich auf verschiedene grafische Aspekte ein.

2.4.3   Newsletter- und Kontaktformulare

Für Formulare im Footer gelten grundsätzlich die gleichen Regeln wie im Inhaltsbereich. Allerdings sollten die Erfolgs- und Fehlermeldungen nicht auf neu geladenen Seiten, sondern direkt im Footer angezeigt werden.

Kurzer Abriss über die technische Basis von responsivem Webdesign

3

Responsives Webdesign basiert in erster Linie auf **HTML 5, CSS 3** und dem elementar wichtigen **Viewport,** der Meta-Daten-Einstellung, die steuert, in welcher Skalierung die Website im Browser des Smartphones angezeigt wird.

Mithilfe der sogenannten „**Media Queries**" können CSS-Regeln an einige Parameter des darstellenden Mediums angepasst werden. Die wichtigste dabei ist die *Breite des Browserfensters:* anhand von **Breakpoints** (meist an den Grenzen zwischen Smartphone/Tablet/Desktop) wird das ganze Layout oder auch ein einzelnes Modul anders dargestellt. Wenn ein Element nicht anhand der Bildschirmbreite, sondern anhand der Spalte, in der es platziert wird, unterschiedlich dargestellt werden soll, können **Element-Queries** eingesetzt werden.

Die *Ausrichtung* (Hoch- oder Querformat) wird leider nur selten mit einbezogen. Feinheiten wie die *Bildschirmauflösung* sind vor allem für die Darstellung von Content-Bildern relevant. Design-Grafiken sollten am besten auflösungsunabhängig mit **SVGs** (Scalable Vector Graphics) oder als skalierbare „**One-div-Elements**" mit „**generated Content**" direkt im CSS erzeugt werden.

An der einen oder anderen Stelle sollten im Text **HTML-Entities** und **Unicode-Zeichen, CSS-Regeln** zur Verhinderung oder Forcierung von Wort- und Silbentrennung eingesetzt werden, damit ein guter Textfluss bei den unterschiedlich langen Zeilen sichergestellt wird. Auch der Einsatz von Umbruchzeichen, die nur bei bestimmten Browserbreiten gelten, ist anzuraten.

Da **HTML 5** und **CSS 3** nach wie vor weiterentwickelt werden, jedoch nicht immer alle verwendeten Browser die neuesten Features unterstützen, kann bei deren Verwendung der Einsatz von **CSS-Feature-Queries,** (Aufruf mit „@support") sinnvoll sein. Mithilfe von **CSS-Frameworks** wie Twitter Bootstrap kann ein Großteil von browserabhängigen Darstellungsunterschiede abgefangen werden.

© Springer Fachmedien Wiesbaden GmbH, ein Teil von Springer Nature 2019
A. Brinkmann, *Struktur und Design responsiver Webseiten auf Smartphones,*
essentials, https://doi.org/10.1007/978-3-658-25422-3_3

Der Einsatz von neuen Techniken ist zwar nicht immer nötig, ermöglicht jedoch an der einen oder anderen Stelle neue gestalterische und konzeptionelle Darstellungsmöglichkeiten, zum Beispiel die Verwendung von *Frameset,* das eine viel flexiblere Anordnung von Inhaltselementen erlaubt, oder *Grids,* die ein flexibles Spaltenlayout im Browser ermöglichen.

Einen guten Ansatz, den ich jedoch selbst noch nicht im Einsatz hatte, bieten auch die **Interaction Media Features,** mit denen z. B. Links unterschiedlich groß und farbig dargestellt werden könnten, je nachdem, ob das darstellende Gerät mit einer groben Eingabemethode wie dem Finger oder einer feinen, wie Maus oder Stylus bedient wird, bzw. werden kann. Auch, ob der Bildschirminhalt durch Skripte, u. a. **JavaScript, Ajax** und Animationen beeinflussbar ist, kann abgefragt und unterschiedlich behandelt werden.

Ein paar Links zum Schluss

4

Diese Links helfen Ihnen, etwas über Ihr Testgerät, Ihre Webseite oder einzelne Umsetzungstechniken herauszufinden.

Ish2.0 ist eines von vielen Tools, mit denen Sie das responsive Verhalten Ihrer Webseite auf verschiedenen Größen betrachten können. Bitte beachten Sie: kein noch so gutes Tool kann einen Live-Test auf verschiedenen Geräten ersetzen.

http://bradfrost.com/demo/ish/.

Whatismyviewport liest die im Browser verfügbare Breite und Höhe abzüglich der UI- und Browserelemente aus.

https://whatismyviewport.com.

Viewport ist eine Sammlung von Viewport-Höhen und -Breiten verschiedener Smartphones und Tablets.

https://viewport.com.

Whatismyuseragent zeigt die Buchstabenkette an, mit der sich der Browser beim Server meldet. Früher das wichtigste Instrument zur mobilen Datenausspielung, wird der User Agent nur noch selten benötigt, um z. B. die Links in die App-Stores plattformspezifisch ein- und auszublenden.

https://whatismyuseragent.com.

CanIUse – ein Verzeichnis von CSS-Eigenschaften und welche und wie viele Browser diese komplett, teilweise, nur proprietärer oder gar nicht unterstützen.

https://caniuse.com.

© Springer Fachmedien Wiesbaden GmbH, ein Teil von Springer Nature 2019   63
A. Brinkmann, *Struktur und Design responsiver Webseiten auf Smartphones,*
essentials, https://doi.org/10.1007/978-3-658-25422-3_4

Was Sie aus diesem *essential* mitnehmen können

1. Konkrete Hinweise und Handlungsempfehlungen, um eigene Module Ihrer responsiven Webseite mobil besser darzustellen.
2. Hintergrundwissen, warum einige Gestaltungsvarianten suboptimal sind.
3. Ein besseres Verständnis dafür, was das Medium „mobiles Internet" ausmacht.
4. Das Handwerkszeug, um Gestaltung und Konzeption im mobilen Internet besser zu verstehen.

© Springer Fachmedien Wiesbaden GmbH, ein Teil von Springer Nature 2019
A. Brinkmann, *Struktur und Design responsiver Webseiten auf Smartphones,*
essentials, https://doi.org/10.1007/978-3-658-25422-3

Printed in the United States
By Bookmasters